二魚文化

連日本的上班族都敢當，你還怕地獄嗎？

侯・克里斯多福・山雅治の東京職場放浪記

老侯　著

日本職場の目擊

日本生活の目擊

日本文化の雜談

代序　男人四十

最近，說我長得像「福山雅治」的人少了，連我自己都忘了說，結果就更是沒人說了。

我來日本工作後，始知日本女性對於福山雅治與木村拓哉的喜好，非楊即墨，分庭抗禮。福山與木村兩人典型不同，大體上，喜歡一個，就難喜歡另一個。我夾在中間，很難做人，選個年齡相近的福山，與其結盟，也是情非得已。看官們認不認同是一回事，起碼日後被人問起我像哪個藝人，「物以類聚，人以群分」，我必然只能選「福山」。這是出於分類的需要，不得不然。

是的，日本人就是這麼「好分類」。與日本同事、朋友聊天時，「分類」是個很能助興的話題。最常聽到的說法，就是「你曾被說過像哪個演藝人員」。這話匣子一打開，日本人都能說出自己像某個藝人，但屈指一算，不超過百人。以外表來分類，上億的日本人，不超過一百類，您說，這有趣否？

這「像不像」的定義，可別拿我們的標準來看。我們說「像某人」，就算不是全面神似，起碼也得局部雷同，否則，聲稱自己像某個美女藝人，是會招人笑話的。日本人的「像某人」，往往離「神似」差很遠，有的僅僅是鼻子眉毛「有那麼點意思」，有的則乍看細看都不像，只在轉頭側面三十七度沾了一點邊。這些都不礙事，純粹是社交場合的談資，說的人不以為意，聽的人心照不宣。

日本人的分類方式，不只一端：血型可分、星座可分、癖好可分，連「性好受虐與否（S或M）」都可以作為分類準則。我就遇過一個日本人，自稱「喜歡醜女（ブス専）」；還遇過一個出身東京的女孩，聽到男的說方言就來勁（方言フェチ）；有些日本男人，逢假日就女裝現身；有的日本女人，與人初次相親就拉著對方到祖先墳頭祭拜……。形形色色，一言難盡。

除去上述各類極端「個性」，日本人之間仍有「共性」存在。比方說，只要是日本人，見面必然鞠躬、聽話必然點頭、飯前必然合掌，走路必然靠左……。所謂「雄兔腳撲朔、雌兔眼迷離」，日本人的「共性」明顯，絕不撲朔迷離。這些「共性」再加上特殊的「個性」，構成了我在日本職場這些年的種種奇聞軼事。

在他鄉異國的職場，成天耳濡目染久了，難免想與國內的朋友們閒聊幾句。網上幾行塗鴉，一篇文章就出來了；文章累積了幾篇，如今一本書也出來了，實在出乎意料。細細思索下，其實這意外的成果（可不是甚麼「成就」），是有理論根據的。據說，游泳選手的最佳狀況是在廿多歲的前半段；拳擊選手的最佳狀況是在廿多歲的後半段；棒球選手晚一點，卅五歲也迎來了高峰。無論如何，過了高峰，體能就必然江河日下。但寫文章則沒這類限制，甚至反其道而行，越寫越好。理由就一個：人類是一種懂得累積經驗、傳承下一代的物種，我們到了一定的年紀，甚麼都開始退化，唯獨思考經驗始終累積，上帝留給四十男人一張嘴，不肯收回，用意即是要我們口傳筆授，告往知來。

只是，我不是甚麼文章大家，生活經驗也只比一般人多一點海外見聞，說不出甚麼大道理，「隨時劄記，久而成書」，結果必然東拉西扯。有人問起我這本書有甚麼中心概念，我左思右想，僅得這一句話：還一個「等身大的日本」。百年來與這個鄰國愛恨交織的歷史，反而使得我們心中關於日本的形象逐漸扭曲，不是善鄰，便是惡鄰。透過這本書、一個普通白領上班族在日本社會與職場長時間、近距離的觀察，讓中文世界的讀者多少修正對這個國家、民族的認識，對於極端「哈日」或「仇日」的人，發揮一點正本清源的功用。

最後要提的：自從我在網上寫出一點名氣以來，我的臉書不時會有一些港澳朋友訪問留言，告訴我「老侯，你寫的中文很好懂」，這不能算是無心插柳，明眼的看官應該早就看出我在用詞上的堅持。在當今「網路用語」、「火星文」充斥的時代，仍能在文章中避開這類網民喜聞樂見的新詞彙，其實是要靠一點孜孜矻矻的傻氣。但願百年之後，人們早忘記「自稱像福山」的老侯，卻仍記得「文起八代之衰」的老侯，則幸甚！

是為序。

日本職場の目擊

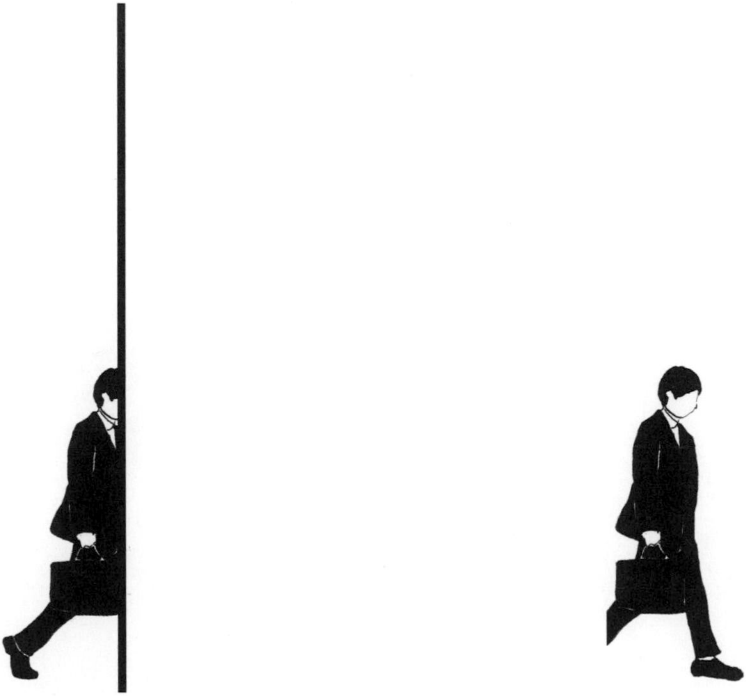

人生經歷的第一場

小暴雨

留日回國後，進日本公司，是很自然的想法。我也選擇進入了一家日本「大手」企業在臺分公司資訊部，開展社會新鮮人的階段。

初來乍到的第一天，同屬資訊部的一位同事，W，熱心地帶著我到各部門逛了一圈。

「侯桑，你是T大畢業的？」W帶著我到各部門逛時，邊走邊說。

「是的。您也是留日的？」

「恩。我也是。我在日本大學畢業後，又在日本工作了一陣子。」

W說話斯文得體，讓人感覺如沐春風。得知他也是留日的之後，我對他更增加了親切感。這是我讀了廿年書後的第一份工作，雖說是進了大公司，心態上半隻腳還踏在校園，能遇到一個背景相似的「學長」，不禁打心底高興。

我的心態切換很不容易，初在公司任職時，仍抱著校園時期愛促狹的態度，甚至對長官說話也近乎百無禁忌。事隔多年，當年的那些同事談起我，仍不忘提起我當時以一個初生之犢，和部門經理說話「居然拿著椅背頂人家老二耍鬧」。結論就是「猴子，你也他媽的太白目！」

寫至此，看官們怎麼數落我都行，年輕時不懂事，我對自己的失態也付出了代價。之後，部門同事對我敬而遠之的氣氛，我再鈍感也能察覺。當然，這也包括了初次見面時讓我感覺如沐春風的「學長」。同樣是留日，背景相似的兩人，W對我的熱絡僅止於第一天，之後就再無交流。

進公司以來，我對W有所期待，我滿心以為十多個人的部門當中，我和他是唯二待過日本的同事，相處融洽是應該的。但後來的實情是：W沒和我主動交談過任何事、沒分享過一次與長官同事的相處心得、沒聊過一回在日本的甘苦談。我倆的相處狀況，是完全往我期待的相反方向發展。我甚至隱約覺得：在部門同事對我一片冷漠的氣氛中，W的冷漠尤其突出。

事情在半年後逐漸有些改觀。同事們大概也察覺：「猴子這個人，只是剛從校園踏入社會，搞不懂狀況，其實對人根本沒惡意。」我的要好同事越來越多，除了

W之外，願意與我談心的同事也越來越多。一次，一個前輩同事，G，在茶水間和我私下聊天，聊到了我初進公司的狀況。

「說實話，你剛來時，我們確實不太喜歡你。你也察覺了？」

我沒說話。我當然察覺了，但從同事口中證實，倒是第一次。

G接著噴了一口菸，看著我道：「你剛來時的那些白目表現，也為自己的處境火上加油，知道嗎？」

我苦笑地說：「恩……確實是我初入社會，搞不清狀況。」

「你普通情形下搞不清狀況，別人或許睜一隻眼閉一隻眼。公司這麼點大，就這麼幾個位子，大家要搶，你在這種情形下搞不清狀況，根本找死！你還想不想在公司混？」

G說得我無地自容。自作自受，還能怪得了誰？

G繼續說：「你呀……我看你就是少一根筋。你當W那個人會對你掏心掏肺？你從臺灣到日本，唸的都是『名校』，還拿公費，這對他而言，是多大壓力？所以，你才來的一個禮拜，W就在我們之間不斷地說你的不是，說你書讀得那麼多，其實也不怎麼樣。」

原來如此，至此謎底解開。我心態仍是個學生，不知應對進退，是最大原因，再加上「留日學長」的搧風點火，部門同事一開始對我的冷淡態度，根本其來有自。

G是臺大資工畢業，後來赴美留學，據說當年考預官，智商測驗是同批預官考生當中的第四名，在部門中也是目空一切的人物。這家公司光是資訊部門，就是一時俊彥，虎嘯山林。

但是，G又為何願意把這些祕密全告訴我？

「今年，部門報升『主任』，我升了，W沒升成。他布局好久了，沒升上，一股怨氣全朝我發。呵呵……我幹！又不是我礙著他的，怪我有屁用！」

我猜，這才是G前輩願意和我分享心事的最大動機：這是一家日本公司，留美的自然不會有留日的吃香，他若想在公司坐穩位子，除非自己突然開竅，講得一口流利日語，不然，他就要拉一個有留日經驗的人做後盾。我八成被他相中了。

G才華洋溢，解決系統問題駕輕就熟，相較之下，這W在專業領域上顯然就不是他的對手。如果資訊部門完全以能力來決定升遷，G絕對是出類拔萃的不二人選。可惜的是，一個留美的員工在日商公司，是存在一個「隱形的天花板」。G心知肚明。

G和我相處融洽，連下班按摩（純按摩）也一起出入。可惜的是，我和他最終沒能結成「聯盟」，我在公司待了兩年，不久就被一家德商公司延攬，直接做經理，薪水首度破了百萬。留日的離開日商公司，就彷彿烏龜離開了熟悉的池子，外頭的世界再也難料，但卻給了我一個冷靜看待當時一切的立場。過去在日本公司，七八個人爭一個「主任」，再來又是四五個主任搶一個「經理」，卅出頭才總算有可能領個八十萬出頭的年薪。以個人規劃而言，這實在是一個努力與回收不成正比的戰場，我早該看開了。再者，W長年在公司力求表現，大家有目共睹。這次升不了官，下次也得升。面對這麼一個企圖心強的同事，聰明點的，自然是「老夫當避路，放他出一頭地也」。我的決定是對的。

G沒多久後也走了。之後，從別的同事處得知，W由於企圖心過分旺盛，幾乎是無所不用其極，引起了眾怒，一次部門會議中，W被所有同事點名批判，從此被冷凍，境遇居然與我初進公司時一模一樣，再無升遷的可能，不久也離職。

至於那位被我頂過老二的部門經理呢？他後來另謀高就，「不念舊惡」，想找我一起闖。我怕他在新職場回頂我，沒敢答應，繼續做我的「德商公司經理」。

在我後來的工作歷程裡，由於無風無浪的時期很長，幾乎忘了甚麼是職場的政治鬥爭，臉上因此少了些殺伐之氣，算是一點小收穫。但在我人生初始的職場生涯，我就已經身處漩渦裡，挨過幾刀。是我極端樂天的個性讓我捲進漩渦當中，卻也是同樣的個性把我救出了漩渦之外。

老侯如是說

先輩（せんぱい）

日文的「先輩」，既可以當作是學校的學長，也可以當作是職場的前期同事。「職場的先輩」對於職場初生之犢有著提攜教導的功能，但在日本職場，先輩往往在功能面弱化，卻在權威面強化。後輩對於先輩，要懂得應對進退、遣詞用句，稍有差池，就要遭人白眼，墜入萬劫不復的境地。

我有一次，在日本職場與「先輩」等人聊天時，對於「先輩」的一段話本能反應了一句「本当（真的）？」頓時覺得當下空氣凝結，千夫所指。後來經人指點才知：再興奮過度，也不該將「本当」脫口而出，要說，也得說「本当ですか」。日本職場的「空氣」，就是這樣動輒得咎、如履薄冰下，逐漸形成。

海外就職面試紀實

廿出頭，第一次踏入社會，第一次應徵面試，都算是循著人生常軌進行。但年近卅、四十，才來頭一遭，這就不得不說是「逸乎常軌」了。

我早年留日，回國後，先進日商，再跳槽到一家歐洲公司，任職專案經理。幾年下來，老闆看上我的留日背景，把我調到了日本，在日本的上班族生涯也因此展開。這是集團企業的內部調動，沒經歷過面試，集團內的同事又以老外居多，所以儘管與日本淵源深厚，真正意義的「日本職場」，我還沒待過。兩年後回國，投身臺灣百萬上班族之列，沒多久再度被國際人才仲介公司相中，介紹了一份在東京的工作。為此，我有了人生第一次「在海外面試」的經驗。「面試」，就是日文的「面接」。

談到此，不得不聊聊臺灣的「人才出走問題」。最近幾年，人才出走成了臺灣日益嚴重的現象。拿日本和臺灣比，就可以看出臺灣是怎麼樣的「人才入超」地區。根據日本厚生勞動省二〇一一年的資料，在日本具備「專門技術」身分的外籍人士，占所有日本外僑的十七・六%。相對的，臺灣內政部最新資料則顯示，具備「專門技術」（工程師）的外籍人士，占整體外籍工作者的四．二%。其他低層次的體力勞工，則占了八十一%。

自己的人才留不住，國外的人才不想來，這就是臺灣的現狀。

說來心酸，我不是甚麼人才，但我也決心出走了，只因這次國外開的待遇條件太好。我看自己年紀老大不小，錯過這次，要再爭取「出走」，恐怕再沒機會。抱著破釜沉舟的決心，自己買了機票，到東京接受「面接」。

應徵面試時，如何給予對方好的印象，是重要的關鍵。但是好印象是否意味著「正面包裝」？以我應徵目前這個職位而言，我掌握了一次「逆向操作」的機會，不怎麼正面地包裝了一次。

面試官有兩人。見面時，先禮貌性地感謝我不辭遠道而來。接下來就是問經歷、問專業技能。等談得差不多了，為首的主管級面試官問我：「侯桑，在過去工作上，有沒有甚麼讓你印象深刻的事情？」

這問題算是「申論題」了。此時，一般的做法，無非是談談自己有過甚麼輝煌業績；成就過甚麼偉大事業。我稍加思索一下，突然想換個不同的方向，談談自己。

「我犯過錯誤。」我頓了一下，突然冒出這句話。

「喔？說來聽聽看。」這句話顯然引起了面試官的興趣，他要我講下去。

我談起了自己過去被「破格拔擢」的往事。

那是我當初在那家歐洲籍公司任職的事情。公司的 CEO 指示，要我從系統做出一份「客戶每月訂單統計表」，把每月客戶下的訂單金額列出。我很快做出來了。CEO 拿到統計表後，把我叫進辦公室，問我：「Mr. 侯，你做的這份報表，準確度高嗎？」

「沒問題。絕對符合您的要求，是每月的新接訂單金額。」我充滿自信地答道。CEO 很滿意，誇獎了我一下。沒多久，我升官、加薪，三十才出頭，年薪已經是一百二十萬。「會英、日、中文的系統人才，上哪裡去找？」老外主管把我捧得飄飄欲仙，我也認為自己值得這份職位和薪水。

之後，我們集團各個海外分公司的資訊部人員開會，各國資訊人員齊聚一堂，談論系統整合問題。會後大家到餐廳吃飯，交流情感之外，也順便聊聊彼此工作的甘苦談。

來自德國的系統開發人員史帝芬，那天似乎酒興特別好，喝了好幾杯黃湯下肚，話匣子打開後，就與我說個不停。

「Mr. 侯，聽說你升官。恭喜你。」

「謝謝！我還是得向你多學習。」

史帝芬苦笑了一下。氣氛一下子變得有些詭異。

「和我學甚麼？你們的 CEO，把我參了一本。跟我的上司說，說我技術不足，不夠資格管系統。」史帝芬說著，嘆了一口氣。

「嗯？有這種事情？」

「你開發的那份『訂單統計表』，還記得吧？」

我點點頭。

「我知道，你為此贏得了美名（reputation）。每個月，哪些客戶、下了多少訂單，不是甚麼高難度的報表，我們德國總部早就有同一份了，是我開發的。他不用，一定要你再開發，你知道為甚麼？」

我不知道。當下只是訝異，不知這裡隱藏著甚麼祕密。

「我進資訊部之前，是做業務的，我很清楚這些業務在幹些甚麼。每個月，公司要統計訂單金額，比較業績時，業務就拚了命在系統上輸入一堆假訂單，為的就是讓自己業績好看，省得上面責罵。等到下一個月，再把假訂單刪除。上面要是問起，就雙手一攤，說『客戶要取消訂單，我也沒辦法』。就這樣，公司每個月的訂單數字，都是假的！」

說實在，我只管聽命行事，做出上面要的訂單統計表，萬萬沒想到這牽涉到這麼複雜的背景。

「我來了以後，知道這個弊病，就另行開發出一個新表，把新增的訂單數字顯示出來之外，還把刪去的數字也列出來。業務部門再也不能造假，但是你們海外分公司的業務主管們不開心了。他們要向總公司負責，有業績壓力，自然希望有一份『漂亮的訂單統計表』，所以才找上你。」

我愣住了。原來加薪、升官，不是因為我很行，而是因為我很乖。

史帝芬藉著酒醉，還在滔滔不絕地說。我當時腦子已經一片空白，不記得他說些甚麼。他那陣子備受冷落，主要是因為來自海外分公司業務主管的群起抱怨，他堅持己見，讓自己成了眾矢之的。「客戶訂單表」不是甚麼高難度的報表，就算沒有我侯某人，也會有李某、王某、蔡某……等IT人，開發出一樣的東西，成為壓垮史帝芬的最後一根稻草。但是，我作為一個IT人，只因在不知不覺中，做了一件蠢事，意外成為上面喜聞樂見的「好事」。

兩位面試官入神地聽完了我說的故事。

原本話不多的另一位面試官，打破沉默，開口問道：「恩……確實是讓人深思的事情。那麼，侯桑，你從中學到甚麼？」

「作為一個上班族，卅多歲以前，我的爬升可以說是靠自己的努力；卅多歲以後，好運就一直在不知不覺中跟著我，包含我剛剛所說的事件。這讓我爬到現在的位子，」我停了半晌，思索一下，說出了我的結論：「希望貴公司能再給我一個努力的機會，而不是測試好運的機會。」

面試完畢，當晚飛回臺北。沒多久，接到「人才仲介」打來的電話，說對方對我的表現「高く評価しています（高度評價）」，歡迎我加入他們公司。

人的一生，總是在努力之中等待自己的運氣。這一點，就算到了異國他鄉，也不會發生根本的變化。如今，我仍記得自己在面試時說過的話，但願下一次好運來臨，是因為我真的努力過了。

老侯如是說

面接（めんせつ）

在日本，從學生時期結束到進入社會之前，求職面試是一大關卡。這種面試，日文即稱為「面接」。

「面接」對於日本人而言，至關重要，網上隨意一查，關於「面接」的步驟、訣竅、心得，俯拾皆是。有的甚至到了走火入魔的地步。一個求職專門的網路雜誌，出了這麼一篇專欄文章《求職面試的禮儀》。裡面寫了一條：進入面試室時，要敲門三聲。

為何三聲？四聲太多，二聲又像敲廁所門，所以三聲為宜。

當然，這指的是企業大批徵才、新畢業生輪番上陣的情形，場面自然是面試官端坐室內，受試者按序接受詢問。這和我接受的面試不同。我的狀況，日文稱「中途採用」，意指已有工作經驗的人，跳槽到新公司。這種面試就不是大批進行，而是來一個面試一個。那麼，誰敲了門？自然是面試官；敲了幾聲？呵呵，我也不記得了。

去了日本工作，還怕地獄？

到日本工作超過半年了。

之前在日本工作，是在一家外商公司，週遭都是碧眼金髮的老外，幾乎沒怎麼和日本人接觸。這次再度來日本，情況不同了。這是一家道道地地的日本公司，日本同事「純度」之高，超乎想像。十個同事當中，看英文信不借助 google 翻譯的，不到兩個；有能力開口說英文的，不到半個；「S、T、V、X」能正確發音的，則是一個也沒有。

搞得我暈頭轉向的，不是同事們英文不佳，而是日文太好！

話說，幾天前，我們開發了一個系統，交付客戶（位在香港的日商）作測試。當天，客戶就把測試報告交給我們。針對客戶回報的測試結果，我們要研商方法，一一排除問題，附帶解釋溝通。這要是在臺灣，打一通電話，或親赴現場，溝通了解一番，在客戶 email 認可下（留作證據）把問題一一解決。不能溝通的，則另開會議，決定是否要修改系統。一來一往，不會超過一個星期，就該交付另一個新系統版本。換成日本公司，慘了！客戶回報的問題，先按兵不動，信不回、電話不打，如臨大敵地逐項查明原因，還要研商會議計畫、確立會議目標、擬訂會議邀請函、決定參加人員名單、制定時間表。每一項，都是日文！

那天晚上，我從下午六點開始擬會議邀請函，我的主管兩眼盯著我，催我的進度。我小心翼翼擬好了信，發給了主管。主管看了，冷笑兩聲，說：「你要把信分三段，第一段，把這會議的背景說清楚；第二段，寫明會議的預定議程；第三段，告訴客戶我們附加了哪些文件。」

通常一封電子信寄到對方信箱，會被對方的郵件伺服器搞成甚麼模樣，完全無法預期。這廂辛苦排版，那廂面目全非，司空見慣。主管對信件、而且是一個會議邀請的信件，要求「格式美」，大出我意料之外。但主管既然要求，我只有照辦。廿分鐘後，我再把改好的信發給了主管。這回，主管看得面色鐵青，口氣一變，問我：「我跟你說的三段，你怎麼寫成了五段？」

「我……您交代的三段，我都寫進去了，我另外還附帶了招呼語，以及一些說明，比方說，希望能在開會前把參加人數弄清楚之類的，這就不知道該歸哪一段了，所以獨立出來。我想，信還沒發出去，還可以和您商量……」我戰戰兢兢地解釋道。

主管正色道：「你想自作主張前，先告訴我！三段要寫成五段，先告訴我！」

我被訓得無話可說，懊惱自己自作聰明，只得照辦。好不容易把信擬好，主管勉強認可了，但仍加了一句：「內容可以了，但還沒到能發出去的程度。我來修改吧！」我一聽，不禁心中暗自叫苦！搞了半天，剛剛折騰了三個小時，純粹只是要訓練我這老外的日文撰寫，最終，還是要老闆親自出馬寫這邀請函！

往好處想，算是這主管願意栽培後進；往壞處想，這人簡直就是偏執狂了。主管把信擬好，再發給我，要我把附加文件貼上去後，定稿，再讓他過目，然後發出去。我想，這下總該脫離苦海了。貼好了文件，把格式再弄漂亮點，主管寫過的內容，一字不改，然後再發給主管作最終審核。

你道我這苦海脫離了嗎？不，沒脫離，而且好戲來了！

主管收到我的「最終定稿」，臉色由鐵青變成了糞青：「你動了我的格式？」

「我動了……我是看有的段落隔了兩行，有的段落隔了一行，想把格式統一一下，所以……」

主管面帶慍色道：「你再把我原來的信打開來看看！」

我的手，顫顫巍巍地打開了主管的原信，開始端詳。

「看出來了嗎？我信裡隔兩行和隔一行，有甚麼不同？」

我仍在端詳。但沒看出所以然。

「對不起，這兩行和一行的區別……真沒看懂。」

「你再看仔細！兩行上下的內容，和一行上下的內容，有甚麼不同？」

深夜十二點了，只剩我和主管兩人。我在東京，一棟人去樓空的大廈裡，拚命研究這兩行和一行的奧祕。腦子早非處於適合邏輯歸納的狀態，一切只能靠奇蹟。

二分鐘後，奇蹟出現了。「大概……兩行隔開的，代表大段落；一行隔開的，代表小段落……。」我提出我的新解，語氣完全沒自信。

主管總算點頭道：「這就對了！你把我格式弄亂了，要怎麼區別大段落小段落？」

豁然開朗後，我趕忙把兩行的歸兩行、一行的歸一行，重新發給主管，拍板定案後，傳給了客戶，心中默禱著：「但願客戶有時間、有雅興，能欣賞這兩行與一行的苦心孤詣呀。」

六個多小時，只為了一封會議邀請信。看官要是有耐心，這日本公司磨人的事情，多得不勝枚舉，我日後可以一一和各位分享。

日本人在程序，體面上的堅持，由此可想。我從這件小事上，充分理解了當年阪神大震災時，連日本媒體記者都趕到了，偏偏自衛隊遲遲不到的原因。不就是在人命關天的時刻，政府的某個官員，死抱著某個流程、堅持寫某個文件、緊守著分成三段或隔成兩行之類的莫名其妙的「程序正義」嘛！

如果是作一名觀光客，你會喜歡日本；作一名留學生，對日本印象也不會太差；但若是作一名日本上班族，企圖融入日本社會，那就省省吧！身為一個外人，你可以用純欣賞的眼光，喜歡日本的乾淨，有秩序，也可以喜歡日本人的有禮。但這美麗表象的背後，是靠著怎樣的森嚴紀律和一絲不苟，甚至要抹滅掉多少個性乃至人性，才能粉飾出來的？這哪是乳臭未乾的哈日族可以管窺得到的呢？

有看官問道：「老侯，你也真奇怪。一肚子苦水，幹甚麼不回來？」這位看官有所不知，我這是在累積經歷。連日本的上班族都敢當，你還怕地獄嘛？這可是黃金也買不來的履歷，不出幾年，只要我還沒被操死，就是一條鐵錚錚的好漢，您說，是不是呀？

老侯如是說

残業（ざんぎょう）

加班，日文稱「残業」，這在日本各大公司是常態。戰後好一段時間，為公司不眠不休加班的日本上班族，建立了日本人勤奮認真的形象。同時，「過勞死」的事件頻傳，世人震驚，逼得日本政府不得不拿出對策洗刷惡名。對策之一，就是規定一個月工作超過一定時間（一百個小時），必須接受健康診斷。我在日本公司任職時，就有兩次眼見同事送去醫院接受診斷。

與日本昂貴的生活費相比，日本上班族其實收入並不高，一般而言，拿到手的薪資，九成以上都做家用，因此，「加班津貼」成了上班族重要收入來源之一。所以日本政府儘管三令五申禁止「過重勞動」，為了生活，恐怕日本上班族一時還無法享受這個德政。

徜徉在日本公司
無邊無際的文件大海裡

我目前做的是顧問這一行。最能具體呈現顧問價值的，就是文件。這一點，日本人確實獨到，不論對內或對外文件，都做到了嘆為觀止的地步。這不只是為了符合 ISO 所要求的官樣文章，而是遠遠超過 ISO 要求，成了鉅細靡遺的龐然大物。

以前我在臺灣做事時，一個與我共事的同事，被要求做出和日本顧問一樣水平的文件。同事雙手一攤，連想都不想，直接承認自己「做不到那種水平」。日本人的文件，足以讓臺灣人英雄氣短一至於斯！

一次，有個德國客戶希望我們針對他們一套「年久失修」的系統做大改。大改的第一步：先針對一些不要的、問題多的功能，檢討之後，決定移除或是修改。

問題來了：這個案子，我們是接手自上一家公司的，自己並非這套系統的開發者。「移除舊功能」，談何容易？把系統文件調出來，仔細研究、約 user 訪談、實際測試、找出問題點……一連串作業，一個比一個瑣碎。

主管交給我的任務是：把這個系統的「課題表（Issue Log）」整理出來。如果有未解決的問題、或解決得很勉強的問題，到時可以列舉出來，作為與客戶交涉談價錢的材料。我列出來了。檢查之後，何者未解決、何者有待進一步追蹤，統統標示好，發給了主管。

主管看了以後，搖搖頭，把我叫到身邊說：「這個太簡單了。你說，光看這個表，你要我們做甚麼？怎麼做？」

「做甚麼？怎麼做（何を、どうすればいいか）？」是日本人最愛問的問題，幾乎成了口頭禪。再怎麼有學問、有見解的人，被人問個三、四次「做甚麼、怎麼做」，也會招架不住。因為日本人主管會無止境地問、往死裡問，你答一個，他繼續追問下一個，「格物致知」到沒有答案為止。

有看官說：「我聽你老侯胡扯淡！你一定是準備不足，被人抓到辮子！」這位看官別急，請容我繼續交代完。

主管說：「你除了列出問題，還要列出 user 的反應。」

「user 的反應？……這不去現場一個一個追問，沒辦法知道。我得再多花點時間……」我答道，語氣誠惶誠恐，唯恐答錯。

「不是，不是這個意思。我是說，我們列出這份表，讓客戶知道後，客戶會採取甚麼反應？」主管看我眼神呆滯，就繼續解釋道：「比方說，這個課題『資料量多時，系統容易出錯』，客戶會要求我們修正這個功能？還是要求我們移除這個功能？哪種可能性大？」

我總算恍然大悟了。原來，他想拿這份課題表來「沙盤推演」。為何需要沙盤推演？因為他不懂英文。有了這份「沙盤推演表」（而不再是課題表），到時和老外交涉，就算不懂英文，起碼狀況「應該都在這份表中」。要日本人不靠事前準備，臨機應變，是極為困難的事情；要日本人用英文臨機應變，更是難若上刀山。

於是，我按照主管指示，把客戶對每項問題可能有的反應，列表成第二版，再次交給了主管。主管打開文件，這回，他把頭搖得更猛了：「侯桑，你過來。」

「是！」我說著，躡手躡腳活像個店小二般，走到了主管身邊。

主管說：「你看看，你把客戶的反應列出來了。那我們應該採取的方案呢？你怎麼就沒列了？」

「我……您沒說，……」

「我沒說你就不做？你怎麼不來問我？你想到了嗎？」

「說實在，沒想到。」

「以後你要問，知道嗎？稍有疑問就問。」

我大聲地回答「是」。

「稍有疑問就問」，這話說得好，但我當時幾乎已經是機械反應，他說一，我不敢說二，遑論空出腦子去針對他「疑問」。

這回，他押著我，兩人一起做出了第三版。新版除了「客戶可能反應」欄之外，還加入了「我們應採取的方案」欄。

深夜十一點了，他看著這個「沙盤推演表」，一邊陶醉地點著頭，一邊說：「對不起喔，我們日本人，做事就是這麼細膩……。」

沉思半晌，他突然又像是想起了甚麼，說：「對了，我們一旦決定採取這些反應，客戶又將如何？這也得列下來！」

我眼前一陣黑。看著這個五小時苦心編織出來、枝繁葉茂的「沙盤推演表」（原名：「課題表」），噙著淚說：「這樣……好像沒完沒了吧？」

「恩……也對。那就這樣吧。」主管像是大夢初醒，總算放過了我。

日本人固然勤奮出名，過勞死的事件頻傳，但人家的辛勤工作，往往是主管帶頭幹，下屬跟著衝。加班到深夜，你儘管累得半死，看著主管同樣疲憊的身影，你連怨言也說不出口。

根據這份「沙盤推演表」，公司決定了客戶系統何者該改，何者該移除，製作了一份「報價單」和「提案書」。

隔天，和德國客戶面對面開會。公司派出的陣仗不小，共六人，但對方僅三個老外。公司六個人當中，只有主管能講一點半生不熟的英語，且多半出得了招卻接不了招。所以全程由我做解說兼翻譯。主管深怕我沒照他原話翻譯，要求自己說一句，我再翻一句。等到對方有反應了，主管還要在「沙盤推演表」上勾選，看是符合當初的哪一個設定。

就這樣，會議進行得極為緩慢。我們一項一項說明，對方一項一項核對，主管一項一項勾選。偶而，主管還想要點小幽默，講一些根本不知該如何翻譯的冷笑話：「這個部分呢，有兩條問題。為何有兩條問題呢？因為是日本（日語『日本』和『兩條』同音）。」

這笑話直接翻，沒人會笑；不翻，主管肯定怪我不盡責。我只好硬著頭皮翻，德國佬當然不知所云，我一氣呵成再加一句：「Well, it is supposed to be a joke.

So, why don't we just laugh?（這句話，其實是笑話，大家笑一下吧！）」此話一說，德國佬大笑。主管眼見客戶反應不錯，飄飄欲仙地認為自己幽默感相當有國際水平。

最終，說到報價單時，高潮來了。對方的財務主管，看著報價單，表情逐漸轉為嚴肅。他指著報價單上的數字說：「中島桑（我的主管），改功能要這麼多錢，我們可以理解。但是怎麼連刪除一些功能，也要這麼多錢？有些甚至比修改還貴？」其他兩個資訊部門的老外，同樣也是雙眼盯著桌上的報價單，冷笑了幾聲。

我知道不妙了。我們只盯著工數計算，工數這麼多，錢就會是這麼多。主管和我事前的準備工夫，全都用在那份「沙盤推演表」上了，每個報價背後的技術問題，則根本沒深慮。

我把原話翻譯給主管聽。主管愣住了。這是「沙盤推演表」上沒有的，他沒想到對方會有此一問。思索半天，轉而問旁邊的其他同事，同事有的低頭看著報價單、有的抬頭看著天花板念念有詞：「あれ？これ。。？うん。。。。？（這個……那個……恩……）」大家模樣就像是電腦當機，反應全無。

半晌，一個叫細野的同事，總算吞吞吐吐地說出了一句話：「要移除某些功能的話，得考慮到那些已經整合在一起的其他功能……花的時間，其實更長。」

這是實話，我們並沒有誇大其詞。其實最安全俐落的做法，是索性重新開發一個功能，來取代舊功能。但是「重新開發」是客戶當初極力想避免的，我們連提都不能提。

細野這句話，該翻譯？不該翻譯？三個德國佬等著我開口，我等著主管指示。

「發甚麼愣？客戶在等著！你把細野的話照翻嘛！」主管催著我。

我把細野的原話翻出來，德國佬聽著，表情依舊是大惑不解。三個老外，六隻大眼睛，不時掃視著全場六個黃種人。現場空氣仍然凝結。

我看這樣下去不是辦法，打破沉默道：「各位不妨想想變性手術。男人要變性，不也是得移除個甚麼？這也是要花大錢的。」

客戶的眼神逐漸柔和了起來。我忘了是哪個德國佬首先發難，發出噗嗤的笑聲，剩下的兩個德國佬，則再也忍不住，三人一齊拍桌大笑。主管不知道發生了甚麼事，只能一邊陪著傻笑，一邊低著頭問我：「你說了甚麼？」我正欲解釋，德國佬像是笑岔了氣似的，打斷了我的話，說：「對對，變性手術，切〇〇、接血管、接神經……確實花錢！」笑鬧了一陣子，客戶的財務主管總算不再在這個「移除功能」的報價上糾結，要求進行下一個討論。

我鬆了口氣。接下來的過程無災無難，整個開完。

回公司的路上，我們六個人分乘兩部計程車，我和主管，以及另一名同事同一部。一路上，主管表情像是打了一場勝仗，時不時地還問我一些中文單字的讀法，三人在車內談笑，氣氛輕鬆。突然，口氣一轉，主管說：「只是，好像人家問的問題，幾乎都不在我們的課題表上呢！」

我應了一聲，手上握著這份花費近五個小時、血淚汗交織出來的「沙盤推演表」，不知怎地開始思念起家鄉老母：「阿母，你知道你兒子都在日本幹些啥嗎？連我都不知道了⋯⋯。」

三天後，在德國的業務傳來消息：客戶接受了我們的報價。業務在電話中對主管說：「你們那裡的『侯桑』，是不是開了甚麼黃腔？客戶一直談他，說從沒看過這樣的IT人，『I like this IT guy（我喜歡那個IT傢伙）』。」

此後，「下ネタが大好きな侯さん（愛開黃腔的侯桑）」稱號，在辦公室不脛而走，如影隨形跟著我。原因不多不少，只為了那一句「男人的變性手術」。

老侯如是說

課題表（かだいひょう）

「課題表」（中譯：議題管理表），是專案管理的一個工具。把專案進行過程發生的問題，列在表裡，標示重要程度，指定負責人員，是一般的作法。但日本人製作「課題表」則遠超乎此，針對某個問題，誰、在何時、用甚麼方法試圖解決過，都得一併寫下。

攤開日本人的「課題表」，內容密度不下於日記。看官要是有機會參與日本公司的專案管理，不知道怎麼製作日式「課題表」，我的建議是：您不妨想到啥就寫啥，日本人不怕你寫得多，就怕你不寫。

這個人什麼都好，就是會說日語

「你這人甚麼都好，可惜呀，就是會說日語。」看官們，不知道我在自言自語些啥吧？先聽我從二〇一三年AKB48偶像團體成員峯岸みなみ（MINAMI）小姐剃光頭事件說起。

峯岸みなみ小姐，因為違反經紀公司規定，談了場小戀愛，被媒體披露。為了表示懺悔的決心，剃光頭示人，引來海內外歌迷一陣子騷動。

您要是以為這只是孤例，那就大錯特錯了。我在進這家日本公司沒多久，有一位和我一起在專案工作的同事，就是剃了個大光頭。當時還以為他是「耍酷」，當下不以為意，他本人也對於自己剃光頭的原因諱莫如深。等到聽到別的同事傳來的耳語，這才知道：原來這位光頭同事因為工作上犯了點小錯誤，惹得前輩同事不開心，為了表示反省，這才特別剃了光頭。

日本有著上千年的文化積累，這剃光頭就是其中之一，在日本很多團體都見得到。這是表示對紀律的絕對服從，據說還能上溯到禪宗修行找根由。這種文化積累，反映在日語上，那就是處處有「內外尊卑」的規矩，動輒得咎。

有不少人，考過了一級甚至二、三級日語檢定，就已經急著把自己的履歷增加一條「會日語」。作為履歷裝飾，沒有大錯；但作為實用，請相信老侯我一次：還差得遠。因為，日語最要緊的「內外尊卑」沒搞清楚，日語只能算學了一半。你寫的信，寄不出去；你說的話，人家聽了會發火。

我從日本朋友聽來的「圈內消息」：木村拓哉，日語全名為「Kimura Takuya」，年輕歌迷愛稱他為「Kimutaku」，以表示親暱。一個剛入行的助理人員，是個年輕女孩子，看到偶像木村拓哉出現了，一下子忘乎所以，喊他「Kimutaku」，木村拓哉老實不客氣，當場拂袖而去。

知道甚麼原因嗎？「Kimutaku」，全日本粉絲都這麼叫他，沒問題；但一個助理人員和他，就不是甚麼粉絲與偶像的關係，你放著「木村桑」不叫，叫他「Kimutaku」，就是胡來。

如果一個剛入行的小女生，把吳宗憲喊成「憲哥」而不喊「吳先生」，這在臺灣會是甚麼大不了的事情？吳宗憲若也學木村，拂袖而去，媒體恐怕還會指責吳宗憲大頭症哩。

有看官道：「老侯，你太小看我們的智力吧？甚麼時候該怎麼叫，只要有點教養的人，都該知道，這和日語能牽扯甚麼關係？」

這位看官別急。日語的「內外尊卑」關係，遠遠不止於此。我們會用上日語，面對的不是甚麼「非日語系國家」的人，正是日本人，規矩自然是日本人說了算。請看我再舉個例子。初學日語，或者有一點點日語常識的，大概都知道，對人尊稱就用「桑（さん）」，甚麼「中村桑」、「藤川桑」，這大抵不錯，甚至很好用，連性別都不用考慮。但用習慣了，就會「摔跤」。

比方說，陪自家公司的「社長」這麼大人物，到客戶處拜訪，當著客戶面，介紹道：「這是我們公司的社長，中村桑」，這沒錯吧？

錯了！

錯在哪？有人說：「那還不簡單，社長這麼大的人物，就要稱『樣』」。

對不起，還是錯了！

正確答案是：直稱「中村」，甚麼尊稱都不要！

這就是我說的，說日語時，需要考慮的，除了「尊卑」，還有「內外」。對方是客戶，自家的社長則是自己這邊的人。面對客戶，自己這方得盡可能地謙卑，自己謙卑、自己家的社長也得謙卑。謙卑之下，「桑」這個尊稱自然就不能用。

大陸網友可能早就不學這套了，但臺灣網友學過應用文的，應該都清楚：「自稱」、「稱人」、「對他人稱」，這在早期的中文書信中也是如此，所謂「內外尊卑」，幾乎就是這套漢文規矩在日本的翻版。這一關過不了，腦袋轉不過彎，你在日本公司，就是連電話都無法讓你接。試問：要是連電話都接不了，你還能說你日文「會說」嗎？

但你真的把這些規矩揣摩得入木三分了，成了一個道地的日本人，那又像個啥呢？依我看，就像個處處鞠躬作揖的店小二。你會說日語，日本人就會期待你「像個日本人」，隨時得鞠躬、處處得陪小心。所以說，學會了日語，把個昂藏偉岸的男子漢折腰成了店小二，再好的人，氣勢也要憑空矮了半截，「這人啥都好，就是會說日語」，就是這個道理。

我在日本時，最樂意作歐美客戶專案，原因就是「可以不說日語」。不說日語，氣勢整個不同，平日「貌似恭謹」，一開口說起英語，敬語可以省了，玩笑可以開了，眼前的「部長」、「役員」統統在口吻上變得與我平起平坐。

在臺灣，因為看日片或哈日，上了賊船，學日語的人不少。竊以為，如果目的是為了看懂日劇，則一級勉強可以應付；如果目的是為了看懂A片，則三級足矣。三級日語看三級片嘛。如果是為了像我一樣，在日本「為五斗米折腰」，一級遠遠不夠、四年大學日語也絕難應付，務必要有個幾年的誤打誤撞，才能勉強到達接接電話的程度。下回看官們填履歷時，寫自己「會日語」之前，不妨先想想自己的日文程度能看懂甚麼日片再下筆。

老侯如是說

ため口（ためぐち）

木村拓哉那次訪臺，女主播劉涵竹訪問偶像，興奮之餘，迸出了一句「楽しいでしょう?」這被好事的媒體翻成了「爽不爽」。

「楽しいでしょう?」果有「爽」的意味，那就是道地的「ため口（套近乎）」了，但事實又非如此。

「ため口」主要是指省去了敬語語尾，隨口就說出的口吻。這在對平輩或對晚輩之間的談話經常可能聽見。我們一般正規學日語會話，往往是敬語先學，然後再接觸普通語。這時，習慣改不過來的人，往往一路敬語下去，乃至到最後都交上了日本女友，還和人家相敬如賓。

所以，循序漸進學日語的劉涵竹小姐，如果已經懂得在「敬語」與「普通語」之間巧妙切換，反而是奇蹟。劉涵竹小姐無非就是在人家初來乍到，還沒相熟的狀況下，突然問上一句「怎樣，開心吧（楽しいでしょう）?」顯得沒頭沒腦，還不至於到失禮的地步。看官要是有機會聽聽林森北路「媽媽桑」的日語，那才是失禮之尤者。但別人依舊大門照開、生意照做，這就真是入了化境了。

黃笑話

看官們大概都曾聽說日本女孩子在職場地位不高，也可能聽說日本上司對女下屬性騷擾算是家常便飯。前者至今屬實，後者則是上個世紀的往事，誰不知道誰倒楣。

我第一次到日本出差時，當地同事介紹一個女同事給我。我自我介紹之後，畫蛇添足地加了一句「我未婚」，當下就察覺空氣異常凝重。我意識到我可能說話「スベった（不好笑）」，沒想到在場同事們想的卻是另一個層面的問題。

事後，一個同事好心把我拉到一邊，表情嚴肅地說：「侯桑，你是外國人，所以大家都能睜一隻眼閉一隻眼。你知道你那句『我未婚』，在日本職場其實就是性騷擾了？」

這話聽得我如大夢初醒。還記得更早幾年，我聽說一個日本女孩子，僅僅因為男同事說她「今天髮型不一樣了」，就把上司以「性騷擾」罪名一狀告到法院。說實在，這事情哪怕以最最嚴苛的標準來看，都當不上這個罪名，而這罪名最終也幸虧沒成立，但您可想而知，日本職場風氣早就大變，還抱著豆腐任意吃的心態，遲早要倒大楣。想起這件往事，我不禁捏把冷汗。

日本職場男女間不能碰的忌諱話題很多：外表話題不能提、已婚未婚不能問，經意或不經意的肢體接觸更如深水炸彈（這一點臺灣男士最容易犯）。總之，性騷擾在日本職場，是個可方可圓可大可小的帽子，有些在臺灣人眼中看來屬於「小德出入可也」的範疇，在日本職場都得重新定義。當然，並非上面的言行造成的結果都是一觸即發，而是一旦發生，對方和你認真起來，是絕對有理有據有得好纏。

眾看官素知我平日不開黃腔，假日也不開黃腔。即便如此，我在日本仍拚命謹言慎行，就怕自己踩到地雷。但是反過來，女孩子開你黃腔呢？這方面，判例不多，我手頭邊一沒現成統計資料、二沒真人現身說法，不知道男性受害狀況如何，只有聊聊自己的經驗。

在那之前，先聊個形容詞。日文有句用來形容女孩子模樣的詞彙：「清楚」。老實說，我弄懂這詞彙，也是最近的事情。

有看官說：「老侯，你越活越回去啦？『清楚』不就是『模糊』的反義詞？這你也搞不懂？」

這位看官，我們的「清楚」和日文的「清楚」，在意義上是分了家的。現代中文的「清楚」，只有「清晰」「明瞭」的意思，這與原意其實差了十萬八千里。「清楚」的原意，在日文中保留得很完整，就是形容女孩子妝扮素雅、清爽。和我們的「氣質好」很接近。

為何這詞彙會讓我似懂非懂這麼久？查了日語辭典，「清楚」的解釋如下：（女性の服装・姿などが）清らかですっきりしている・こと（さま）。

中譯：（女性服裝・姿色）清爽淡雅的意思（模樣）。

這似乎很好懂。但淡雅到甚麼程度才叫做「清楚」，這又讓我墜入五里霧中了。等到一個日本朋友把「ギャル（Girl）」與「清楚な女の子（清楚的女孩）」做了個對照，我這才真正恍然大悟。

日文的「ギャル（Girl）」直翻成中文是「女孩」，但並非只要是女孩都能稱為「ギャル」。要稱為「ギャル」，在打扮上非豔驚四座不足以擔此大任。頭髮全面染成金黃、皮膚曬成小麥色、化妝上色大膽……簡單地說，就是大家熟悉的「109辣妹」。以此做對照，則「清楚な女の子（清楚的女孩）」是啥，就益發「清

楚明瞭」。這和「有氣質」不全然一致。中文的「有氣質」大多著重於無形內在，但日文的「清楚」則在有形外表上就已經劃清界線。

看官要是弄懂日文「清楚」的意思，大概就會明瞭何以日本「清楚系」的成人影片會自成一格，在AV租片區占領一個角落。據說，AV的愛好者，尤愛片中主角形象與行為所形成的落差（ギャップ），這落差越大越是讓人樂此不疲。女教師、女學生之受歡迎自不待言，造型越是「清楚」，越能激發觀眾一窺佳人閫奧的好奇心。

前一陣子，學運捧紅的「女王」劉喬安小姐為了賣春疑雲，鬧出了大新聞。由於劉小姐和「男客」之間，有著極為曖昧的對話，很難以「虛與委蛇」來交代。根據劉喬安小姐本人說法，她平日說話風格如此，言下之意，我們作為看官的大驚小怪了。這類端莊仕女（「清楚系」）開黃腔的事，我在臺灣遇到的真不多，但在日本，依我的經驗，越是「清楚系」的，越開黃腔。我印象深刻的一回，是一次同事聚餐，我碰巧和一個女同事，Hiroko，坐在相鄰的座位。Hiroko的長相說起來，有點像我們陳德容那般楚楚可憐。請恕我只能舉陳德容這樣大齡玉女打比方，只因當今所謂「宅男女神」，個個豔光四射，當得上「楚楚可憐」的實在沒幾人。

Hiroko當晚顯然喝多了酒，和我兩人話說個沒完，從同事間的八卦、公司內的傳說，一直聊到部門員工的相處之道。

「這種聚餐應該多辦。我們部門太小氣了。」Hiroko 說道。

「恩，可惜，我不會喝酒。不然，我也認為這種聚餐多多益善。」我答道。

「侯桑真的不會喝呀？」

「你今天也見識了不是嗎？我是真的不會喝。」

「你喝了會怎麼樣？胡說八道，還是……動手動腳？」

Hiroko 說著，輕輕地用手拍了一下我的大腿。人酒後多少有些情緒放縱，我也見怪不怪。但是看著 Hiroko 依舊是我熟悉的清純模樣，此時的輕薄動作，落差之大，讓我腦子陷入一團混亂。

「動手動腳不敢，大概會胡說八道吧。」我總算回答。

「真的？胡說八道甚麼？開黃腔嗎？」

「黃腔？」

「是呀，不單是男孩子，我們女孩子聚在一起，開心起來，也會開黃腔。」

我嚥了一口唾液。這話題再聊下去，非踩紅線不可。我趕緊換個話題。

「酒的味道我真的喝不出來。喝到我口裡都是酒，甚麼是好酒壞酒，我也搞不懂…」我顧左右而言他。但Hiroko顯然不依不饒。

「侯桑，你一個人在日本，……晚上的事情……怎麼辦？」Hiroko酒也不喝了，很是認真地問道：「晚上，你也不會想？」

我猜，應付這樣的場面，哪怕早是黃腔高手的看官，也得甘拜下風。我被Hiroko問得躲無可躲，支吾不過，只能硬著頭皮開口說了：「其實，不能說是不想，但因為我上班時忙，所以到了晚上，累得半死，想，也想得不多……」我吞吞吐吐地說完了，卻見她眼神呆滯，似乎聽得不是很認真。半晌，Hiroko說了一聲：「ごめんなさい（對不起）」，隨即招呼店員送手巾，剛剛那段驚世駭俗的對話，就像從未發生。

後來的日子，我仍希望Hiroko能想起當晚的對話，聊個有始有終，但這畢竟成了黃粱一夢。Hiroko依舊恢復成「清楚美人」，獨留我一人還在夢裡，尋尋覓覓。

老侯如是說

下ネタ（シモネタ）

「下」者，下部也；「ネタ（NETA）」者，笑料、談資也，兩者合一，即「圍繞著下部的話題」、「黃笑話」之意，可謂淺顯易懂。

日本由於近幾年各類性騷擾防治的規範逐漸完備，職場等處公然的言語性騷擾事件有逐漸減少之勢。即便如此，「人帥真好、人醜性騷擾」的都市傳說，在這個國家依舊適用。最典型的例子，就是老牌帥哥福山雅治。

福山雅治在日本主持廣播節目，以黃段子聞名，當中不乏自我剖析的例子，如「我現場演出時，習慣不穿內褲。有過三次，拉鍊開著的，事後才發現。我就想，幸虧我那話兒小，呵呵！」這話題進一步升級為：「看過老鼠剛生出來的樣子嗎？這和我那話兒，差不多模樣。多柔嫩呀！」還不夠，接下來還有：「女觀眾把我當性幻想對象，我心知肚明。所以，臺上表演時，我為了敬業，兩腿敞開讓人看個夠，有其必要，甚至要裝個護檔，加強效果。」

以上的黃腔段子，換成任何一個人來說，輕者惹得異性顰眉蹙額，重者被人提告，自此從媒體消聲匿跡，都有可能。但福山始終優哉游哉，不改本色。男人之間說黃段子，有拉近關係的效果，所以福山雅治有著為數眾多的男性支持者，可以理解；但福山雅治在迷姐迷妹之間照樣人氣不墜，這該怎麼解釋？因為他樂善好施，道德形象良好？還是他月旦人物，言之有物？都不是。只有一句話能解釋：他帥。

看官要是見著福山葷黃不拘的說話風格，想起而效尤，卻屢遭異性友人白眼相待，可別老哀嘆人世間事情如此不公，這就彷彿太陽總是從東方上升一樣，哀嘆沒有用、改變無可能，反正就是這麼回事了。

敦子小姐的苦惱

和客戶開會。出席者有客戶歐洲總部派來的財務系統負責人（德國籍），與日本分公司會計部的敦子小姐。討論的主題，是日本分公司的會計記帳方式。

總部的老外用著濃厚的德腔英語，解釋著新系統上線後會計帳的做法，我則一邊翻譯，一邊聽取敦子的意見。敦子說起英語是這個味道：「これは、customer's invoice will、なんだっけな、そうそう……」，支離破碎，和老外完全對話不來，只能透過我。

敦子是這家公司唯一的會計人員，入公司才一年多，就遇到總公司要更換系統的大專案，辛苦可想。日本這家分公司有個特殊處：太多說不清的帳目。紛亂的帳目可能影響新系統上線。我們看著奇怪，希望敦子給個解釋，但這些爛帳大多來自幾年前，並非敦子經手，她只知這是「歷史因素」，其他一概不知，我只有照樣解釋給老外，老外也算「好說話」，聽完了，苦笑兩下，繼續開他的會。

就在老外還在滔滔不絕地解釋新系統會計作法時，敦子忍不住了，臉上透露著難過的表情，低聲跟我說：「侯桑……」

「恩？」

「私、この仕事をやりたくないです（我不太想做這份工作了）。」

我聽了，吃了一驚。我是客戶請來的顧問，不是她的同事或主管，她會對我透露心跡，必然平日受到極大壓力，欲訴無門。

我對老外說：「Could you please hold on a while? Atsuko san needs to explain to me about a business process.（您先暫停一下好嗎？敦子小姐要和我解釋一下作業流程。）」

老外點點頭，停了下來。我接著問敦子：「どうなさいましたか（怎麼了）？」

我畢竟是個外人，敦子是我的客戶，我對她說話只能用敬語。倒是幾個禮拜共事下來，敦子早把我視為「身内の人（自己人）」，有時會和我透露點職場的小八卦。但我意識到現在敦子面臨的問題，已非職場八卦這類談笑的水平。

敦子說：「我接受這份工作沒多久，就聽說了公司裡一些亂七八糟的事情。」

「比方說？」

「前社長無心經營，公司的預算大部分都被他挪用在交際費上。成天帶著客戶上酒家、俱樂部，公司辦活動，他請來一堆俄羅斯女郎做展場小姐。這樣搞下來，公司的營運狀況被他搞得一塌糊塗。」

「前社長是日本人？」

「恩，日本人。」

呵呵，一些日本歐吉桑確實喜歡俄羅斯女人。電車站偶爾見到五六十多歲的日本男人摟著高大的金髮美女，大約就屬於這類的了。

我繼續問道：「所以，公司會計帳上，多了一些用途不明的交際費之類的？」

「交際費雖然多，會計師來查過帳，也簽了字，這倒是不成問題。但是公司營運惡化，他就只能在財務報表上搞鬼……」

「恩？」

「你看到了我們那一大筆預收款了嗎？」

「看到了。金額是不少。」

「你要是看了會計傳票內容，就會發現，這些預收款都是用來調帳，把收入調成預收款。」

「甚麼意思？」

「我們收到客戶的錢，還未出貨，我們卻先將它列為收入，讓財務報表變得好看，每個月報給總公司時，是個漂亮的數字。」

「然後，因為你們實際沒出貨，按理只能作為『預收款』，所謂調帳，就是把誤計的『收入』，轉為正確的『預收款』？」

「正是！靠著這招，每月虛報收入，隔月再調回來，讓我們面對總公司，每月總有一個漂亮的財務報表上繳。」

這正是天高皇帝遠時可以採取的作法。這作法相沿成習，再加上系統未整合，遠在天邊的日本分公司完全可以獨立作業、上下其手，歐洲總部只能被蒙在鼓裡。但此後集團企業要將各地系統整合了，日本的作法遲早會被拆穿。

「現在，前社長也走了，作帳的人也辭了，我接手這個爛攤子……」敦子說著，內容變得雜亂不堪，讓我聽不清楚。

「你怕不知道怎麼和總部解釋，所以慌張了？」我耐著性子問道。

敦子有些發抖，兩手抓著文件，噙著淚幾乎奪眶欲出。

「侯桑，這『預收款』太醒目了，我想讓它消失掉！我不知道該怎麼辦，這不是我該負的責任！」敦子看著紙上的數字，念念有詞地道著。

我不是來查帳的，我是負責輔導客戶系統上線。客戶的作帳問題，可以問會計師，我只能就系統問題回答。

「先別緊張，如果您只是問系統能否把『預收款』銷掉，答案是可以。但必須配合著作帳。每次出貨時，記得把『預收款』轉為『應收帳款』銷帳，就可以了。」

「系統做得到？」

「做得到。」

敦子像是放下心中的大石頭，不斷對我道謝。我總算弄清楚了：敦子不知道新系統的功能，深怕這一筆無從交代的「預收款」在入了新系統之後，不知道如何銷帳。再牽扯到公司過去見不得光的做法，銷不了的「預收款」遲早會成為總總弊端的引爆點。

老外看著我們說著日語，外加跌宕起伏的表情演出，不知道發生了甚麼事。此時，他見我們似乎告一段落，插嘴問了一句：「Are you O.K.?」

敦子看著我，笑了笑，然後對老外說：「Yes……あの……O.K. です。」

從前的事，就讓它留在從前，新系統的上線，不也是你新人生的開端嗎？我默默祝福著敦子，但願她能早日擺脫現在的夢魘。

老侯如是說

談合（ダンゴウ）

近年來，大陸朋友追捧民國時期事物，臺灣朋友追捧日治時期事物，特徵都是把美好的部分極力放大，醜陋的部分極力掩蓋，最終形成了不切實際的情懷，兩者心理可謂系出同源。

舉個例子：都說日本統治臺灣時期講法治，官員清廉，看官知道臺語裡的「戳圓仔湯（檯面下談判）」怎麼來的嗎？

「圓仔」，日文稱作「団子（だんご、DANGO）」，這其實是另一個日文單詞「談合（だんごう、DANGOU）」的訛轉，即「不正規的私下談判」之意。您說：日治時期要是沒這些「談合」的空子可鑽，「戳圓仔湯」這個源自日文的臺語，如何憑空冒出？

論起日本企業的「鑽空子」，「粉飾報表」，是日本企業的常套手段。大企業粉飾財務報表，為了給股東交代；建設公司粉飾工程報表，讓完工時期不致延宕。這就是為何同屬工業先進國，但企業內部控管的規範，源自歐美，而非日本。事涉人性，日本人並不比我們更高一等。依我看，進入廿一世紀，凡是建構在「人性本善」的基礎上、不防不管的日式管理制度，遲早還是要改弦更張的。

受霸凌的亞香里小姐

監查部門最近來了一個新人，亞香里小姐。

亞香里是個「派遣員工」，初來乍到，已經和我們男同事處得不錯，儘管所屬部門不同，同事認定亞香里很能帶動氣氛，幾次下班後的聚餐都不忘邀請她同行。但最近幾次，亞香里總要加班到深夜，讓我們聚餐少了個同行的異性。

「她不過是個派遣員工，為什麼這麼忙？」有一次，藉著午餐的機會，我忍不住問了她同部門的同事，祐美小姐。

「恩，發生過不少事……」祐美小姐說著，但語氣欲言又止。

「發生了什麼事？」

祐美停了半晌，左顧右盼之後，給了我這麼一個驚人的答案：「侯桑，不要告訴別人，她……被人欺負了（いじめを受けてます）」。

日本團體的「いじめ（IJIME，欺負）」，是個令人髮指的罪行，在學校，這

類集團生活的凌虐現象經常聽說，日本學生因受到同儕欺負而自殺的案例，每年都在發生。近幾年在臺灣把這類校園集團欺凌稱作「霸凌」，就是為了凸顯團體恃強凌弱現象的性質特殊與惡劣。

一旦脫離學校，進了職場，「霸凌」的性質不變，手法則更加隱性與陰險。亞香里是受到怎樣的欺負，我儘管還沒聽祐美解釋，一股熱血早已沸騰。

「有這種事？是怎樣的欺負？誰欺負她的？為何要欺負她？」我拚命地丟出一個又一個的問題。這與亞香里是個美女與否無關，路見不平時的正義感，近乎本能地驅使著我。

祐美回答道：「我在我們部門試著保持中立，不想捲入這場糾紛。我能說的，就是……她惹了部長祕書，現在祕書每天都要給她好看。」

霸凌的主嫌知道了，霸凌的方式又是為何？

「祕書是部長直屬，儘管不是我們的主管，畢竟上達天聽，是我們部門的『意見領袖』。現在，部門內有聚會，常常故意不邀她；有會議也刻意漏掉她；還經常安排她做很多事情。」

原來如此。亞香里幾次無法參加我們的聚會，原因就是出自霸凌，亞香里被逼加班，分不開身。這種霸凌算是明火執杖了。如果我是她部門的主管，我一定不會坐視不管、一定要處分元凶、一定不許部門內的欺凌現象公然行之……，當然，這是我成為她們主管後的事情。如今的我，什麼都不是，只能是個旁觀者。

更何況，我甚至不知道這個職場霸凌因何而起。

「我不想捲入這個紛爭，原因是，我也同情不了亞香里。」祐美說。

「這是怎麼回事？」

看來，事情的發展出乎我的意料之外，增添了一些戲劇性——霸凌居然可能「事出有因」。

「侯桑，你沒覺得亞香里和你們男同事混得特別熟？」

「恩……話是沒錯，但，那是她個性好相處吧？」

「她和你們男同事說話，『敬語』都不用，和女同事說話就注意用『敬語』，這是怎麼回事？」

我被問住了，這問題確實不好回答。我之同情亞香里，原因正是她的「好相處」，我相信其他男同事也是如此。亞香里為何與我們男同事說話就是不用「敬語」、就是那麼熱絡、這裡是不是有著算計，真沒深思過。正確地說：從沒認為這是個大問題。

「她一有甚麼事，就直接越級找部長談，公事私事都談。這樣頻頻與部長交心的結果，連部長也站在她這邊了。」

這確實犯了大忌。聽到此，我心中的天秤就算沒傾向「加害人」，起碼也不那麼往「被害人」靠攏了。看來祐美對亞香里的「無法同情」，有那麼點道理。但「加害人」是壞蛋，自然「被害人」就是好蛋，這點簡單的邏輯儘管毫無道理，但是太好操作，要人在一開始就丟開這類成見實在不容易。

「所以，你沒辦法同情她了？」我問道，口氣少了一開始的義憤填膺。

「我是不會公然欺負她，但要我說她有多可憐，我做不來。前一陣子，她說她在電車遇到癡漢。問她是怎樣的癡漢，她說，是肩膀被人摸了……簡直莫名其妙！你知道我遇到甚麼癡漢嗎？我被人從電車上硬拖下來！她跟我比？」

說到此，剛剛還保持冷靜的祐美也動了氣，滔滔不絕數落著亞香里的不是。這裡大多沒甚麼是非可言，多半是她個人的情緒發洩。話說到一段落後，她總結道：

「所以，部長祕書帶頭欺負她，我雖然沒參與，心裡還覺得祕書為我們出了一口氣呢！」

祐美或許真沒參加「霸凌」，但心態與霸凌的從犯無異了。亞香里在職場沒犯規、沒觸法，就算一味結交男同事、討好上司，充其量也就是「乖張」，就事論事，她不該受到集體的霸凌。

但人世間的事情，豈能凡事都黑白分明、就事論事得了？這正是日本集團霸凌「空氣」醞釀的起頭之一呀！不知怎地，我心中的天秤逐漸滑向了「お局集団（資深女員工集團）」而不自覺了。

老侯如是說

いじめ（IJIME）

英文的bullying（霸凌），完全可以對照到日文的「いじめ」，全都是恃強凌弱，或恃眾凌寡的意思。

我剛來日本時，對於日本新聞報導學生在校受到いじめ後自殺的案子，還有些獵奇心態，想要探究一番，久了才知：いじめ在日本無日無之，いじめ後的自殺案件更是年年都有。新聞成了習聞；習聞成了常態。

成年後的いじめ，比起校園霸凌，少了明火執杖的具體形式，但卻化身為各類無形的「harassmentハラスメント（騷擾）」。這也滲透至日文中，冒出了各種新詞彙。最為常見的，就是職場的「セクハラ（性騷擾）」，再來就是「パワハラ（權力騷擾）」。女員工懷孕了，被公司以種種理由降職或辭退，稱作「マタハラ（孕期騷擾）」。以上所說的，算是根深蒂固的傳統型「騷擾」，大家也都耳熟能詳。另外有些無妄之災的，如成天被人嫌臭，謂「スメハラ（體臭騷擾）」；成天被老婆嫌家事做得不利落，稱「家事ハラ（家事騷擾）」；整日端著道德的高架子訓人，稱「モラハラ（道德騷擾）」……。光看這些層出不窮的騷擾名詞，您說，學日本話累不累？作日本人累不累？

要辭職的同事

一方面歡迎我加入新專案，一方面又因為同事們很久沒聚餐了，我們下班後約在一家餐廳吃飯，平日在東京各地做專案的同事們藉此齊聚一堂，交流情感。

走到餐廳前，遠遠見到同事飯塚。

「侯桑，好久不見！」

飯塚大老遠對我熱情招呼，和他三個月沒見面了，我也開心地回禮。

「お久しぶりです（好久不見）！」

由於眾人還沒到，我和飯塚就站在餐廳外隨意聊天，聊聊彼此近況與專案的內容、沒多久，飯塚突然表情轉為嚴肅。

「侯桑，你沒聽說小川的事情？」

小川？我知道，那個平日打扮入時的漂亮女同事。長得頗有吉高由里子的味道，看來挺乖的一個人，能有甚麼事？

我回答：「沒聽說。」

飯塚說：「唉，小川入公司半年，專業技術不是很紮實，前一陣子顧問資格考，她也沒考好。這不要緊，公司仍希望她好好待著，和前輩一起做專案，藉此磨練。怎麼知道……」

「怎麼知道？」

「怎麼知道，她仍是待不住，執意要走。」

「這是為甚麼？」我忍不住問道。

「她說，她越待，越覺得顧問和自己志趣不合。」

志趣不合？那就勉強不了人了。留來留去留成愁，果如此，還真是走為上策。看來今晚的餐會，帶有兩項任務：一、歡迎我；二、歡送小川。

不多久，同事全員到齊了，包括剛剛提到的小川。窄裙、高跟鞋，與你能想像的日本OL形象完全一致。若是在平時，我還可能與其他男同事私底下拿小川的打扮做話題，胡亂扯一些不著邊際的閒話。但今晚她也是半個主角，見到她，難免多點離情，閒話也說不出口了。

餐會中，我照例談談自己進了這個新專案後的抱負，以及謝謝大家的協助等應酬話，大家聊了一陣之後，話題轉到了小川的身上。

「小川，不再想想？」

「恩，不想了。我已經拿定主意。」

「小川，顧問的工作可以學到很多事情，你這樣走，太可惜了！」

「唉，對各位或許合適，對我，就真的不行了，我現在只要一想到『顧問』，就有心理抵觸，你說，我這樣怎麼待下去？」

「打算甚麼時候走？」

「目前這個專案結束了，我就提辭呈……」

看來是辭意已決，但不知怎地，我卻聽出了一點弦外之音。餐會解散後，我和飯塚兩人往車站方向走著。思索片刻後，我開口對飯塚說：「小川或許還不想走。」

「恩？」飯塚愣了一下：「甚麼意思？」

「這家公司，招來的都是有經驗的顧問。小川是唯一的例外，過去沒有顧問的經驗，對吧？」

「沒錯。」

「她不想在大家面前示弱，但實際上，她還需要時間磨練，一時沒辦法符合公司的期待。她能怎麼辦？」

「所以她壓力很大？」

「她說，她對顧問沒興趣，這不是真話。沒興趣就不來這家公司了。她會這麼說，無非就是擺出個姿勢，說自己並非能力不行，而是興趣不合。給自己一個臺階下。」

飯塚聽完，似是恍然大悟：「對呀！侯桑，你說得有理！」

「或許事實不是如此，但可能性不小。我想，公司慢慢給她任務，一步一步栽培她，讓她有成就感，她不會走的。」我做出我的結論。

這是發生在幾個月前的事情。幾個月過後的今天，收到了飯塚給我的消息：小川高興地接受了新派的任務，不再提辭職的事。

幾年了，我總算讀通了日本人的「空氣」，成功解讀了日本人的心理。

老侯如是說

空気（KUUKI）

「空氣」一詞源自日語，在中文頻頻出現，要到清末以後。所以，對於日本人把「空氣」一詞用得如此臻入化境，恐怕就非我們能容易理解的。

「空氣」的性質，無色無味，不細查無從察覺，細查了也不見得領會。用來比擬人際間無以名狀的氛圍、氣氛，可謂恰如其分。

「空氣」之為氣狀物質，早已被研究透徹；但「空氣」之為社會學現象，其研究則方興未艾。日本網上書店關於「空氣」的書有三千多本，九成九都是在研究「空氣」文化、「空氣」社會學，甚至有人索性宣稱「不懂空氣，無以言『日語』」，日本空氣立國，可見一斑。

日本發生的「人身事故」

「人身事故」，這個詞，中文日文都有，意思也都相通。一旦有甚麼事件上升到「人身事故」的層次，那就是非同小可，不可能輕忽。畢竟人命關天，如果眼前發生了一件「人身事故」，依照人之常情，救死扶傷之不暇，哪可能等閒視之？

東京的電車經常傳出「人身事故」的消息。在日本是怎麼對待人身事故呢？車站內的電子告示板，打出短短幾行字：「××線往○○方向因為人身事故的關係，現在停駛」，除此之外，再沒任何訊息。是誰？甚麼原因？自殺還是意外？死還是活？電視新聞不會報導，網上新聞也找不到。由於電聯車引起的「人身事故」的頻率太多，讓人不禁懷疑：是否連輕傷或車門夾到皮包，在日本都以「人身事故」視之，所謂「人身事故」其實只是虛驚一場？

我抱著疑惑，問了日本同事。同事的回答如下：

「虛驚一場？人和電聯車撞，還可能是虛驚一場？當然是非死即殘！」

「事故原因是？」我追問道。

「當然是自殺。」同事雲淡風輕地說著：「我還可以告訴你，東京的『中央線』死人最多，知道為甚麼嗎？」

「為甚麼？」

「因為路線直，車速快，死得快。」

同事替我解了部分疑惑。我想起每次在車站目擊「人身事故」四個大字時，感受不到車站人群表情上一絲絲躁動。大家如平時般上車、下車、等車。沒看到人們針對事件竊竊私語。「人身事故」四個原本分量很重的字，頂上的電子看板一打出，就如一陣風似地從人的頭上吹過，驚不起一點點波瀾。

是甚麼讓日本人這麼「淡定」？死人太多，所以麻木了？訓練有素，所以老僧入定了？我一直找不到答案。

去年日本發生震災，東北死人無數，東京電車停駛，日本上班族回不了家，大家沉穩有序、面無表情地坐在每一個避難所等著疏散。面對泰山崩於前，這個民族仍能維持著集體的沉穩，確實讓我們外人感動。

但也有不近人情之處。

去年，我和兩個日本同事一起到東莞的一家日資客戶工廠出差，從事為期三個月的長期專案。我們工作的地點，就在客戶工廠二樓的一間會議室。

儘管是出差在外，但畢竟是跟著日本人來。日本人到哪，「日本空氣」就帶到哪。辦公室內，主管坐鎮在場，員工埋首辦公桌。專心工作之下，一個鐘頭也難得聽到有人開口講一句話。一次，我憋了三小時，試著打破沉默，離席上廁所前報告一聲：「我想排除體內多餘水分。」這種水平的冷笑話，在臺灣根本激不起一點點「反響」，但日本人聽來似乎很新鮮，我說完走向廁所，身後即傳來一陣大笑。日本人平時工作之沉悶由此可見。

我們所在的這家日資客戶工廠，也照樣移植日本職場文化。早上九點一到，所有員工起立聽主管訓話，下午三點半一到，播放體操音樂。但這究竟是間上萬員工的工廠，平日不出點事情不太可能。工廠不時傳來一些「風波」，不是員工在外被人砍了，就是工廠原料被監守自盜。我們駐在此地的三個月裡，印象中就發生過四次騷動，連帶一次小火警。一有事件，二樓辦公室人事部、總務部的管理人員自然要出面處理，辦公室內鬧得人聲鼎沸、東張西望，不在話下，但基本上，這是客戶的工廠，我們身為客戶請來的顧問，儘管耳裡不時傳來客戶工廠的騷動，我們只需、也只許專心在自己的工作上。這對我這兩名日本同事不是難事，但對我是難事。

有看官道：「老侯，我看你就是少一根筋！專心工作，為何日本人辦得到，你就辦不到？」

這位看官有所不知。我的耳朵裡，不論傳來日本話或是中國話，我都得聽得懂。當一個廣東口音的員工大喊「起火了」、或者一個湖南口音的員工叫著「有人受傷了」，你能裝作甚麼也沒聽見，繼續專心工作嗎？

就拿那天發生的例子來說，客戶工廠一個已經被解雇的女員工，突然出現在公司辦公室，大吵大鬧地說自己「不甘心」。聲音傳到我們三個顧問這裡。我的耳朵如狗一般地反射動作豎了起來，但眼看左右日本同事沒動靜，再加上事不關己，豎起的耳朵又垂了下去。

「嗚～～」、「你們為甚麼這樣對我！」傳來的聲音一聲比一聲悽厲，哭訴的內容一個比一個悲慘。我不禁抱怨起來：我要是不懂中國話，不也就像眼前兩名日本同事一樣，心無旁騖地專注工作嗎？現在外頭吵得淒淒慘慘，我偏偏憋了一肚子水，直想「出恭」洩洪。只是此時藉上廁所離席，恐怕會被日本同事視為「愛看熱鬧」，只有暫且忍著。

不久，外頭恢復平靜。客戶一名叫山口的日籍主管走進我們的會議室，一臉歉意地說：「對不起呀，剛剛那場鬧劇。」

「請問，是怎麼回事呢？」我的同事上田忍不住好奇，開口問道。

「唉，」山口嘆了口氣道：「那女的是管工廠保安的。她年紀太輕，管保安管不好，工廠連續發生了幾次工人偷原料到外面變賣的事情。我們看她做得不好，把她辭了。她跑來鬧，這已經不是第一次。」

上田追問：「現在她人呢？」

「我們把她請出去了。」

原來如此。東莞畢竟外來人口多，龍蛇雜處，外資企業在這裡打拚確實不易。但我沒心思想這些問題。日本人還對這個話題熱烈討論不已，我帶著肚裡接近一公升的水，先告退直奔廁所。

直到我上廁所前，這事本來只是個小插曲。但就在我上廁所中，事情發生變化。

我面對著牆，站著洩洪，正漸入佳境時，廁所敞開的窗外，突然幽幽地傳進來女孩子的哭聲。原來這間工廠一樓入口處有個突出的鋼筋水泥屋簷，高度剛好到這間二樓廁所的窗臺下。女孩子不知道何時爬到了這屋簷上，站在那裡哭了起來。邊哭，邊像是在打電話：「媽，我對不起妳們。妳們把我養這麼大，我沒機會報答妳們了。嗚～～」

我稍稍歪著頭看著窗外，隱約可見女孩子站在屋簷邊緣的背影。雖然是一樓的屋簷，但這間工廠，一樓高度就接近一般屋子的二樓。從一樓跳下去，只要決心夠，自殺身亡是絕對有可能。

廁所沒有其他人。我的洪還沒洩完，此時叫住女孩別跳樓，不很雅觀；但不叫住女孩，她若真跳下去，事情就嚴重了。我恨，既恨我尿多；又恨這廁所半天沒人來。

「算了！人連死的念頭都有了，還在乎死前看到啥嗎？小便讓人看到，就看到吧！救人要緊。」我將心一橫，一隻手維持正常洩洪，另一隻手伸出窗外揮，喊著：「您千萬別衝動！有甚麼委屈好好說！」

女孩子回過頭了，看了我一眼。

我歪著上半身、掩著下半身，模樣很是狼狽，嚥了一點口水，繼續說：「我是您們這裡的顧問，會說日文的。您有甚麼話，想和您領導溝通的，可以告訴我，我幫您轉達。」

我說完，不禁心裡悲從中來，就在剛剛，我成了地球上第一個小便時作自我介紹的「顧問」。

「你甚麼時候叫他們來？我要死給他們看！」

「別這樣，等我這邊⋯⋯忙完了，我立刻叫他們來。有話好好說、好好說！」

正在說話時，一個男員工進了廁所，看到這景象，大吃一驚。

「你快叫你們山口先生、還有保安的人來吧！」我說著，剛好也洩洪完畢。男員工立刻奪門而出。我整理好褲子後，趕忙走到窗臺探出頭，繼續想辦法安撫那女孩。從女孩口音聽出她是湖南石門人（這家公司用了很多湖南同鄉），我用我懂得的湖南石門話勸她，穩住她情緒：「我們都是出外工作的，妳受的委屈我能懂，先別鑽牛角尖，好不好？」

女孩仍在哭。此時，山口、保安，還有人事部的人都趕來了。山口拜託我做翻譯，把公司的立場和女孩說清楚。

我翻譯完後，女孩哭著說：「你跟山口先生講，保安又不是我請來的，是公司自己聘來的，明明就不是我的錯，為何出了事情要算到我頭上？要我走也就算了，資遣費一毛也不給，我回老家總得要路費吧！」

我這下安心了。能具體講到錢上面，大概就不是個想死的人了。我把原話轉達給山口。山口爽快答應，要女孩先進來辦公室，其他則讓人事部去交涉。最終結果：

人事部答應給她兩個月薪資、共八千元人民幣的「資遣費」，一場鬧劇總算收場。

我回到座位，埋首電腦中的同事見我回來，慢慢抬起頭來，好奇地問我：「你怎麼一泡尿要這麼久時間？」

老侯如是說

人身事故（じんしんじこ）

如同很多人的感受，人命本來比甚麼都貴重，但眼見東京電車站打出「人身事故」的頻率越來越多、因「人身事故」而造成的交通中斷越來越多，人命再貴重，活著的人也會麻木，面對別人的死亡，從驚愕到淡定，這當中不是沒有原因的。

有人會說：怎麼向來不愛給人添麻煩的日本人，會在死的時候選擇跳軌，用數萬到數十萬人交通停滯的代價，來給自己生命畫上句號？

這問題不好回答，因為已死的人生前到底是怎麼想的，我們活著的人已無法臆測。但是，如果仔細查一下在日本與自殺相關的數據，我們可以得到下面的結論：根據日本「國土交通省」的資料，日本每年在鐵軌上自殺死亡的人數，約五百到六百人，平均每天都會有人死在鐵軌上，這聽來已經很可怕了，但和全日本每年大約三萬人的自殺者相比，「跳軌自殺」還算是小宗哩。

確實，在鐵軌上自殺，身首異處，屍肉橫飛，對於注重形象的人而言，絕非「首選」。浪漫點的死法，則是到人煙罕至的漂亮林子裡上吊。這還吊出了一處「自殺聖地」：富士山的「青木原」。有一個叫做早野梓的作家，為了找寫作靈感，成天往「青木原」溜達，幾年下來，他一個人就在「青木原」見到了一百具自殺遺體。我在日本這麼久，儘管「人身事故」的告示成天在看，但親眼目擊的則是一個都沒有。您說，這跳軌自殺的「密度」，能算高嗎？

總之，一年要自殺三萬人，分五、六百人到鐵軌上，絕不算是突出。生死本是大事，但用數據來看，就是這麼冰冷的事。

個性，在會議中一點點銷蝕掉

又有個小事情要和各位報告一下：開會。

日本人怕事，怕事情無法掌握，所以事前開會很重要。但要說開會後的日本公司，會中決定了甚麼重要的事情？那也未必。或者該這麼說：越是重要的事情，越難指望日本人在會中拍板定案，所以你就會常在日本人的會議聽到「検討」二字，套語是「請容我検討（検討させていただきます）」。請注意：日文的「検討」，不等於中文的「檢討」，不是那種有錯所以要反省的「檢討」，而是「評估、研究」的意思。有個在日本經產省（相當於臺灣經濟部）專職輔導企業投資亞洲各國的松島大輔先生，最近出了一本書《空洞化的謊言（空洞化のウソ）》，現身說法談了他的親身體驗。他安排的亞洲商務考察團，經常是參加的經營者爆滿、「社長」「會長」充斥，但幾乎沒見過他們在考察過程中決定出甚麼事情，最常聽到的結論就是「回去再檢討」。當地的官員忍不住私下問松島大輔：「連社長、會長都來了，還決定不了，到底你們日本公司社長、會長之上，還有誰呀？」

二〇一二年，鴻海郭台銘董事長訪日與夏普開會，郭董卻臨時連會議也不參加，扭頭就走。詳細過程外界一直不得而知，但我猜想：大概夏普那些老闆們「檢討」了幾個月的事項，仍在「檢討」中，逼得郭董玩不下去，拂袖而去矣。

即便如此，日本人仍熱衷開會，一天下來，可能半天以上都在開會。比方說吧，明天要和客戶開會了，為了準備和客戶的會議，內部得先開個會。這會還有個名稱，叫做「作戰會議」。但為了開「作戰會議」，你不能空手而去。你仍得有所準備，這種準備，多半是三三兩兩自行先協商，日文叫做「打合（Uchiawase）」。為了要「打合」，你得時不時地和你的工作夥伴事先商量。這種商量，叫做「相談」。好了，為了一個會，你分別歷經：「相談」↓「打合」↓「作戰會議」↓「會議」。順序或有不同，但作好準備再上場是鐵則。如此這般，一天下來，甚麼事都做不了，你說，日本人如何不加班？

通常，作為下屬，你能說話的場合，只有「相談」、「打合」、「作戰會議」；正式的會議，除非請你開口，否則一般最好靜靜地聽著。有意見，「作戰會議」時不提、「打合」時不提，「會議」時別出心裁地提了，讓自己上司都嚇一跳，這最犯大忌。

有一次，專案經理橋本桑囑咐我幫一家客戶的財務部設計一套「現行業務流程（Current Business Flow）」。客戶的財務部那陣子趕著要結帳，根本抽不出時間來配合我們作「需求訪談」。客戶不談需求，我們就沒資訊。在缺少資訊的情況下，「業務流程」只有憑空想像畫出來。橋本也只有放開手讓我自己運用想像力去畫。在階級森嚴的日本公司中，我首次賺來「得君行道」的機會。

看過「業務流程圖」的看官，大概都知道：大部分的業務流程圖，就像電路圖似的，盤根錯節，層巒疊障。你要先懂得那些「處理」符號、「邏輯判斷」符號、「接續」符號……等等，才能總算搞清楚這是在畫些甚麼。讀的人苦、畫的人累，實在不是一件好玩的事情。我在無資訊、無現成範例，無明確指示的「三無」狀況下，天馬行空地做，憑藉的，只有過去的經驗。比方說，「接到客戶訂單」的業務流程，從接單到出貨，過去在別家公司怎麼做的，我就假設這家公司大概也差不多，觸類旁通一番。

至於流程圖內的邏輯流向該怎麼畫？我決定推翻業界習慣用的「電路圖」似的畫法，改以自己手畫的造型人物。每個如卡通造型般的人物，畫得可愛逗趣，在流程圖裡猶如「躍然紙上」了。

關於文件的流向呢？我把每份文件都標上「風尾巴」，一方面表示出方向，一方面又動感十足。

就這樣，這個流程圖就像漫畫一般地活了起來。這種做法，我以前在臺灣公司早就做過了，客戶都說好懂好看，「賣相」不錯，頗有好評，沒有理由日本客戶不喜歡。我成竹在胸，就等專案經理橋本驗收。

說好交差的那天，我們在客戶公司的專案工作室。橋本召開「作戰會議」（與客戶開的會前會），要驗收我的成果。我把悉心準備的「業務流程圖」，用投影機照在布幕上，信心滿滿，卻見橋本模樣有些吃驚。

「這……為何會計部要用這個歐吉桑？」橋本指著會計部的那個卡通人物問道。

我答不出來。事實是，我根本沒想過有此一問。

「這一步，明明是做『輸入處裡』，為何人物是站著，不是坐著？」

我還是答不出來。橋本的態度讓我我再度意識到：這是日本。人物坐著站著不是問題，「和大家不一樣」才是問題。流程圖就得用一般認知的流程圖畫法。橋本儘管「放開手」，不意謂我可以自由發揮。

「是！知道了！我改。」我答道，手邊還作著筆記，表示永誌不忘。「另外，還有別的該改的地方嗎？」我追問道。

橋本端詳著流程圖，似是沉思。半晌，橋本總算吐出他的想法：「你畫得太細了！」

「恩？」

「太細了。這次，我們從客戶那邊，根本沒機會聽取他們的業務需求，你這樣畫，人家會挑我們毛病，說他們『沒這一步驟』、『你們憑甚麼畫出這樣的流程』，你怎麼招架？粗略地畫，三步，夠了。」

「可是……不畫到這麼細，客戶如何判斷這一步設計的對或不對？」我大惑不解地問道。

「判斷不了就判斷不了，這階段你就不要管這些了！」橋本動了氣，重重地拍了一下投影布幕。

這一拍，把房間內的氣氛都拍得凝重起來。

剛好客戶會計部有人走進來要找橋本，橋本立刻收斂起怒容，陪著笑臉，寒喧問好。我望著自認為的佳作，滿腹無奈，只有把橋本的指示回想一下，思考著該怎麼改。

客戶會計部的人走後，橋本把門再度關上，大概自覺剛剛口氣太過，稍微放緩口吻說：「時間不多了，明天就要和客戶開會報告進度。你照我剛剛說的做，別再用那些造型人物。」

我口稱諾諾，收拾好電腦、投影機，回到座位。一幅活蹦亂跳的流程圖，改成了三個大方塊。「作戰會議」再開，橋本總算滿意這「三個大方塊」的設計。這幾次「作戰會議」，「民主」總算被「集中」起來，總算做出一個四平八穩的成果，就等明天展示給客戶看。

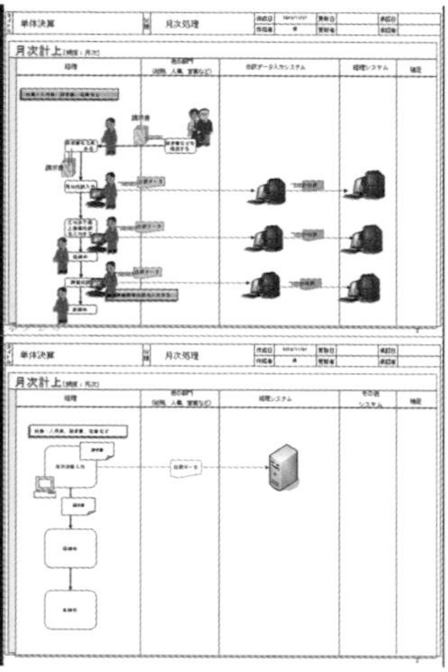

流程圖初稿

流程圖完稿

但是客戶這關，比想像中難過。

第二天早上，客戶資訊部門與會計部門的專案人員，統統到齊。橋本作為專案經理，把一週來的進度向客戶報告。首先，為了何者該列為「課題表（issue log）」、何者該列為「待辦事項（to-do list）」這類技術問題，客戶頗有堅持，把我們說了一頓，氣氛開始緊繃。原來，這家公司的會計部對於新系統的導入，一直抱著牴觸情緒，會計部與資訊部全只是配合上面的「系統更新」大方針，但對於我們這些顧問，就不假辭色了。我看著橋本猛陪小心的模樣，總算理解他在專案工作室裡情緒爆發的原因。他不希望再惹事上身。對於底下的人，他只期望大家照著劇本操演，不要再別出心裁。

談到我們一週來的「成果物（deliverables）」時，橋本依照專案計畫所列的清單，一個一個報告。客戶臉色逐漸難看。專案開始三個禮拜了，「成果物」幾乎都只是點到為止，連我做的流程圖，也只以「三個大方塊」呈現，有幾家客戶願意花錢買這樣的「成果」？

「橋本桑，請問，讓我們看這東西，我們的人日後要怎麼作業？第一步是甚麼、第二步是甚麼，誰來做，怎麼做，統統沒指明，這樣任誰看，都做不下去吧？」客戶方主導專案的資訊部主管戶塚，首先發難，毫不客氣地指摘。

橋本尷尬地說：「我知道。只是這三個禮拜，貴公司的會計部時間一直配合不上，所以我們先準備了一個『雛型』，等到資訊充分了，可以隨時追加。」

以廠商立場而言，橋本說得八面玲瓏，但不算是托辭。客戶的配合不積極，三個禮拜交出三個方塊，算是「至矣盡矣」。當然，我們可以多發揮點想像力，把流程圖畫得更充實，但這個主意在「作戰會議」就被橋本否決掉了，此刻我坐在一邊，只有等著「上頭的人」決定好怎麼做，我照做就是。

戶塚說：「你們是顧問，應該有自己的提案吧？總不能事事等著我們。」

「是」橋本答道。

「你們把流程圖再充實，下週希望有個東西出來。」

「是。我們會『檢討』。」

會議最後在橋本低調的「檢討」聲中結束。客戶方人員收拾東西準備離席。橋本似是打敗的公雞，落落寡歡地收著會議桌上的物品。領頭的專案經理中箭，整個專案組受到感染，士氣降到最低點。

客戶方逐漸起身離去，此時，客戶一位名叫千葉的會計部人員，走近橋本，微笑地說：「橋本桑，我那天進了你們專案室，瞄到你們已經準備好的『流程圖』，不是很有趣嗎？怎麼今天你們沒展示出來？」

橋本不好意思地回答：「那個是……那個是我們草擬的一份流程圖。因為還沒成稿，所以暫時不展示出來。」

「你再投影出來看看嘛！我還極力和同事們預告了，說你們公司為我們做的流程圖，可有趣了，值得期待。哪知你今天根本沒展示出來。」千葉一邊說著，一邊招手要其他同事過來。

橋本唯唯諾諾，把自己的電腦重新打開，找出我之前準備好、被他否決的「流程圖」，接上投影機。彷彿電影散場離去的觀眾，重新回流一樣，已經準備離開的客戶方人員，突然停下腳步，圍著會議桌，盯著布幕上投射的畫面看。

布幕出現的，不再是「三個方塊」，而是有血有肉的流程圖。日本人一般不會做這樣的東西。客戶人員望著流程圖上的造型人物，表情像是嘆為觀止，嗤嗤的笑聲此起彼落地出現。

「那個歐吉桑，是不是千葉呀？真像！」

「這個好玩。很好懂嘛！」

「橋本桑，你們明明做得不錯，幹甚麼那麼謙虛。」

橋本不敢居功，要我親自上場解說流程圖的內容。我解釋著流程圖裡的造型人物和他們的執掌，客戶方人員傳來的笑聲一個接著一個。

「侯桑，你是哪裡人？」資訊部的戶塚突然發問。

「我是臺灣來的。」我答道。

「喔……難怪了，」戶塚笑著說：「我到過你們臺灣。臺灣確實是個有趣的地方。」

這不是我做「個人秀」的地方。我見好就收，只「喔喔」了幾聲，刻意不再接他的話。

戶塚看完了布幕上的圖後，轉身對橋本建議著：「橋本桑，以後流程圖就這麼做吧。侯桑這個很好嘛，做得很好！」

橋本當然沒有拒絕的理由。事實上，整個上午的會，被客戶轟得恁地晦氣，此時總算是撥開雲霧見青天。而我的那一點點「個性」，也在這次機緣巧合下，展露一點鋒芒。

但我仍沒忘記：這裡是日本，這樣的事情，下次不可能再有。

老侯如是說

型破り（かたやぶり）

「型破り」，由這兩個漢字來推斷這個日文詞彙，足以「思過半」。您瞧，您把模「型」都砸「破」了，這可是個驚人之舉。在日文中，把既有的框架打破，就稱為「型破り」。

這個詞，既可以形容人，又可以形容事。而且，這詞在多數場合還是個正面的形容詞。「型破りの改革者」，則改革者必然積極進取；「型破りな経営者」，則經營者必然也大膽創新。由此可知，處處充滿舊習、限制與框架的日本社會，對於「打破既有框架」充滿著多大的期待，讓「型破り」一詞處處充滿光輝，放在哪裡哪裡亮。

但理想歸理想，現實面就不見得是這麼回事。有權施展「型破り」的人，自然得是「居其位、謀其政」的，光看我剛剛舉的例子就知。甚麼「改革者」、「經營者」，哪個不是位高權重？你若僅僅是個公司小職員，蕭規曹隨之不暇，奢談甚麼「型破り」，自然就是自討苦吃。

您在日本公司，有過「型破り」的衝動嗎？想品嘗「型破り」的成就感嗎？有，就夠了，這是促使您往上爬的重要動力。至於爬上了以後，還想不想「型破り」，那就等……到了那一天再說吧。

在日本當上班族的最後一天

和日本人長時間、近距離、廣範圍接觸後，才總算歸納出日本人臉上表情數量。共兩個：一日「無表情」，二日「小微笑」。其他的，我基本很少看到過。

臺灣新聞節目中經常出現的、罹難者家屬搥胸頓足的大哭場面，很難在日本人身上看得到。大笑也少見，想在日本電影院看喜劇片，享受「同此一樂」氣氛的人，基本上可以省省。日本的電影觀眾，不忍尿，就忍笑。

在日本的老外，對日本人有一個誤解：這個民族老愛玩陰的，表面上對你和和氣氣，背後裡卻捅你一刀。其實是冤枉。日本人只是不擅長在人前做表情。偶爾作出表情，卻又常作錯。AV女優的表情經常是如淒如泣，我猜也是這原因。

就以那天來說，我比平日早回東京家裡。我和另一個同事，市瀨，常駐在客戶處作專案，一個月下來，每天都近乎十點才走。所謂的「早回家」，其實也已經晚

上八點半了。和市瀨說了聲「先告辭了（お先に失礼します）」，市瀨點頭回禮。我隨即拎著包，搭地下鐵，回到住處。

這一切看似正常吧？不！第二天，炸彈爆開來了。

第二天一早，我一如往常到客戶處上班，同事市瀨因為早上要開別的會議，早一步到了，先去開會，所以客戶的專案辦公室只有我一人。我接上網路線，打開電腦，接收郵件。一大早沒甚麼信，但唯一的一封，就是市瀨發給我的。

我打開信，收件人僅我一人。內容很長，大意如下：

「侯桑

昨天您比我早離開。您的工作做完了嗎？

說好要聯絡英國的客户，您做了嗎？

要為客户安排的培訓，您進行得如何？

說實話，我很擔心！

這種最低程度的事情，您難道都不能做好嗎？

希望您不要成為專案小組中扯後腿的人（人の足を引っ張らないようにしてください）。」

信寫得洋洋灑灑，意思只有一句話：「我沒幹活」。

這麼多年的工作經歷了，卻被一個同事在這種層次的問題上指摘，實在是難堪。最後那句「希望您不要成為專案小組中扯後腿的人」，更是有如刀一般的鋒利。這是工作夥伴對我「宣戰」了。

我「回放」了一下昨晚臨走時的場景：我行禮、他答禮，臨行前他沒一句不滿，從他單調的臉部表情也讀不出他有任何情緒，怎知他內心裡，充滿了這樣的「皮裡陽秋」。

我耐著性子，把和客戶聯絡的信件，再轉發一次給市瀨。信裡寫明了和英國方面的聯絡梗概，包含了我擬好、等待客戶認可的培訓計畫。

昨天回覆客戶時，早已同時發副件給他。他既然有疑慮，我只有把信再發一次。

市瀨似乎火氣也來了。仍在開會中的他，立刻偷空回了我一封信：「あとで話しましょう。（等一下我們談談）」

廿分鐘過後，他開完會，回到了專案辦公室，臉色鐵青（這表情我讀出來了），氣氛凝重。老實說，有些怕人。

「我們開始談吧！」他坐下後，把電腦打開，接上投影機，開門見山地說。

我很好奇。該解釋的都解釋了，他到底還握著我甚麼罪狀，咬定我「不幹活」？

「你是後來才加入這個專案的，因為這是家美國客戶，你能用英語溝通，所以公司指派你過來。你加入不久，我也沒指望你立刻就進入狀況。但是，起碼我請你幫忙的事情，你得做到吧？為甚麼連這一點都做不到？」

這是他的開場白。但仍聽不出頭緒。我耐著性子聽他繼續說下去。只是，以往為了保住飯碗，我的對話幾乎是「はい（是）」的多，「いいえ（不是）」的少，成了公司有名的「nice guy（好好先生）」。這次，面對這個職級和我相當的同事，我已拿定主意：見招拆招，不再一路「はい（是）」下去。

「比方說，要你和在英國的客戶聯絡，你做到了嗎！」

來了！這個解釋了又解釋的事情，他到現在仍耿耿於懷。

「我發了信，也把副件同時發給你了。今天早上，又再度轉發給你一封了。」

我辯解道，並請他把收信匣中來自我的信，再找一遍。

他找到了。滿篇英文，他看得發楞。他自稱留過美國半年，但是看成篇的英文信仍有問題。顯然這是他「自動過濾」掉我的信的原因。

他沉默了一下，但沒罷休。接著，又說了：「那麼，幫客戶安排培訓的事情呢？」

「也做了。」我說著，再請他找自己的收信匣。又找到了。「時間、地點、人員、內容、其他注意事項」，該有都有，內容同樣也是英文，但作為一個培訓計畫，已無可挑剔。望著信，他又沉默了。

我並不怪他忽略我的信。這家外商客戶的通信量確實驚人，一天下來處理上百封信都有可能，且每封都是英文，對外文閱讀本來就吃力的日本同事，掛一漏萬，在所難免。只是，一兩封信略過沒看，就立刻上綱上線地指責我「沒幹活」，這確實讓我這個「好好先生」也按捺不住情緒了。

半晌，他開始嘟囔：「那這封信，你怎麼說？」邊說著，邊打開另一封。

這是位在愛爾蘭、客戶的專案經理發過來的信。客戶的專案經理從伺服器下載了日本分公司的庫存資料數據，發給我們，希望我們分析之後，從數據中找出「不再使用」的庫存，列表後轉發給日本客戶，讓客戶確認。

「為甚麼你昨天收到信，沒立刻採取行動，轉發給客戶？反而是我在百忙之中，還要處理這種事情，幫你代發？」他指責道。

當初說好，我負責對外（外國客戶），他負責對內（日本客戶），這封信確實該由我處理。這回，換我沒答腔。

「為甚麼你不處理！我本來以為你加入了專案，我可以省點事，哪裡知道你連這點事情都處理不好？」他表情木然，但臉色鐵青，音調開始高亢起來。應該這就是日本人發怒了（總算看懂了）。

他繼續維持著高音調說：「我平日夠忙了，還要收拾你的爛攤子，我等於一個人要忙兩個人的事情，你知不知道？做一個顧問，幫客戶解決問題是基本，你卻連基本的基本都……」

「等等！」我打斷了他的話：「你打開那封信的附件看看。」

他暫時停止發言，依我的話把附件打開。

這是一個Excel表。老外客戶把這份表製作出來時，沒意識到內碼轉換問題（客戶的系統還不支持萬國字碼）。所謂的「庫存資料表」，只有「庫存編號」的阿拉伯數字可以判讀，「庫存說明」這一欄屬於日文部分，則是亂碼一片，完完全全不可解讀。

我說：「我昨天跟你說過了，這麼一份附件，就這樣直接轉發給客戶，沒人看得懂，只能讓人看著號碼一個一個去猜。我說過了吧？」

他沒接話。

「說過了吧？」我再問一次。

「這個……」他開始語氣游移不定。

「到底說過沒！」我重重地拍了桌子，朝著他咆嘯起來。

看著他的表情，他的臉色由鐵青轉為赤紅。他震懾住了、徹底震懾住了。這大概是我十多年的職場生涯第一次發火。這個第一次，給了一個日本人。

職場上為數眾多受了委屈的日本人，要不發瘋、要不臥軌。「過勞死（Karoshi）」甚至是以日文發音登上了英文辭典。這是一個職場不健康、上凌下嚴重的國度，嚴重到了國際聞名的地步。

對不起了，市瀨，我因為不想學你們日本同胞臥軌，所以必須反擊了。

「我跟你說過，必須查好這些亂碼的內容，整理成可讀的報表，才能發給客戶。你不聽，要拚『效率』，說發就發，結果你還記得客戶怎麼反應？說『這種報表，要我們怎麼核對』，對不對！」我繼續說。

市瀨仍是楞在那裡。半晌，他吞吞吐吐道：「這……我這個例子舉得不好，我再…再找找別的……」

「到現在三個例子都舉錯了，你他媽的還瞎忙甚麼（君、いい加減にしてもらえないか）！」我又拍桌了。

市瀨停止動作了，看著我，神情十分尷尬。

在那一霎那，我突然開始同情他了。

市瀨過去私下和我聊天時，提過他剛入這行，也是備受「調教」，上司當著他的面，毫不留情地把他的報告撕成碎片的場面都經歷過。比較起他的磨練，我所受的這些沒來由的指控，在日本公司，可能只是和風細雨罷了。

只是，我是個外國人，此處不留爺，另有留爺處，大不了回臺灣。但市瀨能去哪?作為一個日本上班族，他除了逆來順受，或者臥軌自殺，他沒有第三個選擇了。

我嘆了口氣，道：「我們在這個專案還要一起工作三個月，你卻是形同宣戰一樣地，一大早發出那樣的郵件。以後的三個月，你打算怎麼跟我相處呢？」

「我……我不會念人惡，這種事情，我不會一記三個月，影響我們的關係。」

市瀨說著，卻全無說服力。為了我昨晚早走，他就憋了一個晚上，憋到今早發長信來條列我的罪狀。他實在不像他自己形容的那般「雍容大度」。

「我沒辦法把這事情當作獨立事件來看。我們要共事三個月，你卻甘心冒著翻臉的風險來發這樣的信。你會這麼做，必然背後有原因吧？」我喝了口咖啡，追問道。

他遲疑了一會兒，總算慢吞吞地說：「他們說……說……」

「『他們』是誰？」

「就是……就是公司裡的人說……」

「恩？」

「說……和外國籍同事做專案，要小心一點，注意他們的工作態度問題。但這不是針對侯桑。我沒有那種先入為主的觀念的……」

聽到此，心底無力感油然而生。這不是我能待的地方了。「我們需要國際化，要做國外客戶的生意。所以侯桑來了對我們助力很大。」「我們公司對所有國籍員工都一視同仁，請大家放心工作。」這些都是我剛進公司時，聽到的體面辭令。言猶在耳，眼前同事的這番話，卻讓我徹底幻滅。

日本國際化的成果如何？數字會說話：來日本投資的外資，總金額只占日本GDP的三．九%（二〇一一年數據），比北朝鮮的十二．五%都低。就以我這家公司而言，在國際化上的努力，我感受不深，但是把我們這群外籍員工「日本化」的努力，倒真是用心良苦了。入公司以來，幾乎天天超時工作，但沒領過一毛錢加班費。中文有一句成語，叫做「公而忘私」，這「私」不過是稍稍忘一下；日本人則更喜歡這個成語的加強版，叫做「滅私奉公」，私情私慾整個沒了，全奉獻給了公家、團體。而公司把我從臺灣大老遠請來，期望我做的，正是這種「日本人」，不是臺灣人。

我不想和市瀨糾纏了，他只是個可憐的小角色，但他所代表的這家公司的氣氛，才是我真要面對的。市瀨對我匆匆道歉，這場衝突就此收尾。但我還有一場自己的仗要打：我要辭職。

我依照人事程序，先將我的辭職意願，以電子信轉達給我的coach（指導上司）山本先生。山本剛好也是在同一個客戶處（但是不同專案），收到信後，當下立即約時間和我談。

「我本來對你這次期望很高的。尤其，這又是一家外商客戶，你本可發揮所長……」

山本在客戶的一間小辦公室裡，關著門，和我面對面談。山本是個溫文儒雅的人，說話讓人如沐春風，頗有清心安神效果。

他接著說：「我們也是接觸了這家美商客戶後，才發現我們日本人的做法，和老外確實不一樣，所以我們也學了不少事情。你若走了的話，真的很可惜……。」

公司高唱國際化這麼些年了，這才第一次「發現國外做法和日本不一樣」？我打心底嘆息。但這已經不是他一個人的問題，他再表示惋惜也於事無補。

所謂「天將降大任於斯人也，必先苦其心志，勞其筋骨……」。我來日本工作這段期間，心志沒少苦、筋骨沒少勞，但老天的「大任」始終沒降下來，降下來的全是些「小任」，我成天得和這些年紀小我五、六歲以上的日本人在「最低層次」的問題上窮攪和。

我所看到的，在日本能獨當一面的華人，不是自己創業，就是在外商公司成功。在日本公司成氣候的華人，沒聽說。華人真的照著日本人的訓練、按著日本人的思維、在日本公司慢慢爬，我不排除有做「縣太爺」的機會。只說「不排除」，沒說「一定有」；只說是「機會」，沒說是「絕對」；只說是「縣太爺」，沒說是「位列公卿」。

附帶參考一下：一九九〇年代踏入社會的日本上班族，至今能當上「課長」（manager）以上的，僅有二十六%。有七成的人，一生連個「課長」都當不上（二〇〇七年日本《讀賣新聞》的統計）。所謂的「縣太爺」，是個連日本人都終身可望不可及的目標。

閒話不表，單表我和山本對話的結局。我說了這段期間我在公司的種種，說人生階段在此也該畫上個句號，感謝公司栽培，可惜沒能符合大家期待云云。場面話交代完了，我把他最關心（也最擔心）的重點說出來了：

「您放心，我也不希望走後被人指指點點。我會把目前的專案負責到底！」

山本心裡有數了。他嘆息地點點頭，把我的辭呈批示了「承認しました」幾個字。這行字，決定了我告別日本上班族生涯的第一步。但我還要顧及走時的背影，尤其自己還是個外國人，某些程度，還代表著國家呢。

辭呈提出，一個月後正式生效。

一個月內，在客戶這裡最重要的任務，就是要導入新的系統。這是家化學製藥公司，要導入的系統本身不大，就只是個會計系統和部分的採購系統。但最磨人的地方，不在系統本身，而是文件。原來，在美國上市、或是銷售藥品到美國的

GMP 藥廠，內部都要有一套 validation（文件審核）程序。藥品製造涉及人命，美國 FDA（食品與藥物管理局）要求所有 GMP 藥廠在製程管理、品質管理上，都要備齊文件。就連系統上線也一樣。

這又是一個挑戰。系統上線要甚麼文件，我們知道；但一家藥廠的系統要上線，要甚麼 validation 文件，只有客戶自己知道。我們作為外部顧問，再有通天本領，也不可能比客戶熟悉他們自己的內部程序與文件。

那麼，在 validation 上，我們是否啥也不能做了？能，但不多。規定十二日之前要簽署好A文件，我們就在二十五日前把A文件拿給相關人員簽名；規定二十日前簽好B文件，我們就在二十日前把B文件拿給相關人員簽名。這些文件長甚麼樣子，我們事前都沒見過，只有靠客戶的專案辦公室提供。我們拿人錢財，在 validation 上該做、能做的服務就只有這些：跑腿傳簽文件。

但日本這邊用戶的反應也著實有趣。要我簽名？可以，但你得解釋你要我簽的是啥文件！

你們是藥廠，我們顧問只是請來跑腿傳簽的，這下可好！你們的內部文件要我們外部顧問來解釋？天下有這種滑稽事！

我不信邪。一家上市多年的國際藥廠，在做這種專案時，勢必都會考慮到validation該由誰簽、何時簽、簽甚麼。內部人員要是不明白，就得上課。課由誰上？當然是藥廠內部自行會安排。無須、也不可能假手外部顧問。我為何敢這麼說？因為我以前就是在藥廠做過專案經理。

但給日本顧問公司來碰validation，慘了！客戶隨口一聲「解釋文件」，我們就得解釋文件，事實上，文件都是客戶美國總公司自己訂的，客戶再不清楚（事實上不該不清楚），也比我們要清楚，或者比我們知道要怎麼向自己的總公司詢問。客戶真的有問題，我們可以幫忙找問題癥結，幫忙做好溝通，幫忙他們下情上達，但不懂裝懂、胡亂解釋他們的內部文件，不是幫忙，是幫倒忙！

這時，文化的衝突又來了。我猜很多為日本公司工作過的人，都有個共同經驗：日本人眼裡，我們說得再有理、再站得住腳，在日本人看來全都是「臺灣人不幹活」的藉口！

網上隨便查查，則日本人批評華人（包括臺灣人）幹活不認真的網路留言，處處可見。剛開始在日本公司，我還戒慎恐懼，唯恐自己又落人口實；久了，我悟出一個道理：不是華人不幹活，是華人在你日本公司，就是淮橘為枳，幹不起活來。

比方說，醫藥公司內部的 validation 是會計系統顧問公司的專才嗎？這個活，能幹嗎？不，我們不能幹的，日本人都能硬著頭皮幹。

市瀨聽說客戶這裡有個甚麼 validation 程序，急了，報告上去，無非就是說「不得了了，有個甚麼 validation 程序，聽都沒聽過，客戶為此不簽文件，系統上不了線，沒救了！」連 validation 怎麼拼都不知道的高層主管們，要我接下這個「培訓客戶藥廠 validation」的任務，理由之一是因為我會說英語，可以和客戶美國總部溝通；理由之二是因為我出身醫藥公司。多新鮮！我要是出身棺材店，看來公司甚至會提供丈量壽衣服務了。

那天，公司幾個主管級的人，連同市瀨，在會議室看著我，巴望著我接下這個任務。市瀨自從那次事件後，自知一個人壓我不住，請了幾個主管當菩薩。

我說：「好，我做 validation 培訓。但請給我一點時間。」要顧及走時的「背影」，所以我做；但要像日本人那樣，照本宣科地找教材、死背醫藥衛生法條，我不幹。這是他們藥廠內部該做的。

我接洽了客戶位在愛爾蘭的專案經理，一查詢，果不其然，這個專案本來就安排有「validation 培訓」，就是為了要教導還不熟悉 validation 的內部員工，熟悉

validation 程序。根本不需要我們這些外部顧問插手。

但既然答應了，只有照做。其實，我太清楚為何日本用戶對於簽署文件這麼樣的排拒，賴著要人「解釋了內容再簽」。無非就是怕負責。培訓那天，我找了一幅漫畫，放在簡報裡，用投影機呈現，漫畫大意是「有了好的文件定義，人生就美滿、系統就安康……」內容幽默戲謔，在場參加培訓的客戶被逗得哈哈笑。我順便說明：「這就是validation。關於細節部分，貴公司的總部還會另外安排內部培訓，請各位踴躍參加」，隨即順勢將幾份該簽的文件，遞給了相關人員。這種氣氛下，大家反而放鬆了先前對文件簽署的本能戒心，當下爽快地簽了。市瀨在場，從看到漫畫投射到布幕那剎那，就已經開始瞠目結舌（沒有日本人這樣做簡報），又看到用戶們簽得這麼爽快，更是吃了一驚。拖了一個多月遲遲未簽的文件，這下全簽了。

話說，這也是我提出辭呈之後，心態變得「海闊任魚游」，才又再度露出本性，和客戶打成一片。客戶IT部的一個女孩，祥子，輪廓深邃，皮膚白皙，後來才知，她是琉球人。有一天，她和我吃飯時，私下問我：「侯桑，你們臺灣人都這麼開朗嗎？」

「不，你們日本人也開朗。為何不開朗，你自已清楚吧？」我說完，祥子思考片刻，隨即對著我會心一笑。我看得心花怒放，又不禁暗自罵自己公司：憋了我一年半，憋得心性個性人性全都沒了，直到如今見了祥子，才知我還有一「性」獨存哩！

客戶系統上線的當天，也就是我告別日本上班族生涯的日子。沒有任何送別會，我、市瀨，以及客戶IT部的人員，守著電腦，看著舊的資料數據一步一步地轉到新系統裡。這一年半在日本做上班族的日子，如走馬燈地一幕一幕在腦海閃過。我想起了我怎麼受賞識進入公司；怎麼在公司一舉贏得「黃腔侯桑」的那一役；想起了東莞搶救過的跳樓女工……還想起了情牽意絆的繪里。我可以誠實地說：人生任何一段「一年半」，都沒有這段精采。

「唉，我也不是一無所獲」，我自言自語兼自我解嘲地說。為了系統即將成功上線，客戶IT部買好了香檳等著慶祝。時間一點一點過去，晚上八點半，位在愛爾蘭的專案組傳來消息：轉檔順利，validation 文件齊備，系統成功上線！耳邊立刻響起了此起彼落開香檳的聲音，一片歡呼之中，突然依稀聽到客戶IT部傳來這樣的聲音：

「侯さん、お疲れ様でした！（侯桑，辛苦你了）」

接著就是十幾個人一起鼓掌。祥子捧了花束，獻給了我。

不行了，真不行了，我哪裡經得住這種陣仗？接過了花束，眼淚硬是不爭氣地流了出來，搞不清楚這眼淚到底是在哭還是正常排水。

市瀨走向前，主動把手伸出來（日本人不太愛握手），不好意思地說：「侯桑，……委屈你了（済みませんね、なんかいろいろ…）。」我拭去眼淚，拍拍他的肩膀，說：「好好努力。」一切盡在不言中。

就這樣，告別了我在日本一年半的上班族日子。

老侯如是說

一身上の都合（いっしんじょうのつごう）

「一身上の都合」，不是指你身上五臟六腑都一團和氣，合作無間。「都合」，簡單理解，就是「狀況」。「一身上の都合」，指的就是「私人原因」：要結婚了、要生孩子了、要升學了，都算得上「一身上の都合」。

「一身上の都合」儘管原意是「私人原因」，但在日常對話很少出現，就彷彿中文的「族鄉學世寅戚姻誼」，儘管意思是「親朋好友」，平日卻不用，一用必然是用在訃聞。「一身上の都合」則是用在「辭職信」上。在日本公司辭職時，通常員工會準備一封「辭職信」，信上別的原因也別說了，一句「一身上の都合」，就足以交待。

話雖如此，如果你離職的理由，確實不是甚麼「私人原因」，而是遇到公司裁員，不得不走，這時最好別再說甚麼「一身上の都合」。你自己的私人原因，日後申請失業保險，向誰哭訴呀？那麼，公司把你裁了，你該如何？解答是：「辭職信」都別提，完全按照公司規定，該填甚麼表就填甚麼表，填完了走人，然後領失業保險。

「一身上の都合」是給雙方留面子的客套語，誰不知道要走的人十有八九都對公司累積著一肚子的委屈呢？

有給保衛戰

錯誤的第一步

我在日本，向公司提出辭呈後，算算有二十多天的休假要消化，加上周六、日，足足一個月。

辭去工作，「有薪年假」還沒消化完，一般就把離職日定在年假消化完的那一天。這段從離開工作到正式離職的休假日子，日文稱「有給消化」。「有給」，就是「有薪假」。

我利用這段休假期間，在東京家中養了幾個禮拜的浩然正氣，心寬體胖，再回到久違的臺北探望家人，又受人之託去了一趟上海，藉此領了一點酬勞，最後回到日本，繼續休假。

這趟上海兼差之旅，讓我犯了一個「致命的錯誤」。只因這一節，有分教：「小員工慚懼惴惴畏橫禍；大律師雄辯滔滔挽狂瀾」。

我離職的公司有一條內規：「不許兼職」。「不許兼職」的理由很簡單，怕你洩漏公司機密、怕你有利益輸送、怕有競業之虞……總之，為了防患於未然，公司和每個員工都定了這個「不許兼職」的合約。

這「不許兼職」是個非常嚴厲的「天條」。有看官說：「景氣不佳，公司分紅也少，我去便利商店兼個差貼補家用也不行嗎？」答案是不行。過去就有人曾經為此，被公司處分。

我雖然離開公司，電腦等用品也都還給公司了，但仍領公司的薪水在休假，「形式上」仍是這家公司的員工。我拿公司薪水的同時，又從別處拿了酬勞，我就是成了「兼職」的現行犯。

這事情，我一直等到二十五日領薪水，才突然想起。

我不知道這可能會多嚴重。兩邊都繳所得稅，遲早會被發現（事後證明是我多慮）。

一些可怕的場景出現在我腦海。我可能被公司一狀告進法院，要求我賠償損失、甚至罰款；我在日本留下訴訟紀錄，影響我此後的就職……等等。

我打了一個電話，給一個曾在某家公司人事部工作過的朋友，麻里小姐。

「你怎麼會做這種事？很沒常識，你知道嗎？」麻里毫不掩飾她的驚訝，在電話那端數落我：「我不知道要怎麼幫你！日本人絕不會做這種事的，我也從沒處理過這種事。」

短短幾句話，我被她說得抬不起頭。尤其涉及到「我們日本人、你們外國人」這類的話題，更是有理說不清。出門在外，無論如何就是沒辦法讓人以一個獨立個體看待，動輒就把個人問題上升成了「國際」問題。

「那麼，我主動承認自己兼職，承諾退還薪資，是否就能解決了？」我如洩了氣的皮球一般，無奈地提出我的「解決方案」。

「我不知道，這就要看你們公司的規定了。」麻里說著，口氣已類似「看好戲」了。

和麻里通完了電話，我人猶如虛脫般坐在椅子上。為了離職，我已經放棄唾手可得的年終獎金；要是連這一整個月的薪水都退還給公司，這個失血量大得驚人，幾乎要影響生計。

我硬著頭皮，打電話給我原先的老東家。

公司人事部的小姐，接起了我的電話。

「お世話になっております。元○○部の侯と申します（承蒙照拂，我姓侯，原先在貴公司○○部任職）。」

一般公司同事通電話，是「對內關係」，開頭是說「お疲れ様です（您辛苦了）」；一旦離了職，關係立刻「打回原形」，成了「對外關係」，招呼語也變成了「お世話になっております（承蒙照拂）。」時時注意和對方的相對關係，是日語重要的組成規則。我們老外講日語，一半精神花在釐清彼此關係上。

「お世話になっております。（承蒙照拂）。」人事部接電話的小姐也行禮如儀。

「對不起，是這樣的……我才離職不久，目前還在有薪假期中，一時疏忽下，兼了一份差……。」

接電話的人事小姐一聽，慌了，似乎完全不知怎麼處理。

「這…這我得問問看。您稍待一會兒，我們再回電話給您。」人事小姐說完，匆匆把電話掛了。

看來，我又投下了一顆震憾彈。

不久，一位自稱山口的人事部小姐打了電話給我。我們做顧問的，一年到頭難得回公司，人事、總務、會計……這些部門有哪些人，我們經常搞不清楚。

「侯桑，您好。聽說您現在在兼職？」

「我…沒錯。但是，只賺點外快，沒繼續做了。」

「恩，這樣呀。您也清楚，我們公司是不能接受兼職的。我們研究了一下，今天二十五日，這個月薪水現在已經匯到您的戶頭了。目前最穩當的作法，就是您將這個月的薪資退還給我們，我們可以把您退職的日期提前到三月底，讓您的在職期間不會與您兼差的日子起衝突。不知道您的意思是……？」

山口條理分明地把他們的「提案」說給我聽，無非就是要我把幾十萬日幣統統吐出來。我腦子一片空白。我還在規劃下一步的工作，在那之前，我不知道這沒收入的日子還要過多久。如今要我把錢吐出來，無異是要割掉我身上的一塊肉。

但我有別的選擇嗎？這麼大的公司，要告倒我，不就像是捏死一隻螞蟻一般的簡單？

我在電話裡回答：「好的，我……我會將錢還回公司。」

山口說：「好，有您的同意，我們事情就好進行下去。我們會寄『請款書』給您，您按照這『請款書』上的金額、銀行帳戶付款。我們收到款，就會把您的正式離職日改到三月底，幫您省去麻煩……。」

掛上了電話，我發呆了好一陣子。錢，看來是非還不可了。在收到「請款書」之前，這筆錢，我還有一段「鑑賞期」。房租靠它、水電瓦斯也靠它，現在卻看得到、用不得。

道道地地的「因小失大」。

本該是輕輕鬆鬆過著有薪假的日子，一下子變得愁雲慘霧。

進公司一年多，連加班費都沒領過一毛錢，卻因為兼個小差，就要被催討薪水。如果這是人與人的關係，這人未免欺人太甚。如今是公司與個人，則公司怎麼做都是對的。

連麻里也狠狠說了我一頓，不是嗎？我一天不還錢，一天就是個「貪婪」的人。百無聊賴之際，我突然想到：這種糾紛，難道沒有前例？難不成大家都是乖乖還錢？

我決定自己找答案。

和左派打交道

我在網上搜尋，找到了一個非政府組織「勞動者義務支援團體」。這家位在「青砥」（東京的一個地名）的非營利團體，專門幫弱勢的勞工處理勞資糾紛。我大致瀏覽了這個團體的網頁，找到了聯絡的電子郵件地址。我發了一封信給了這個團體。

「您好：

我來自臺灣，自從二〇一一年開始，在東京的〇〇株式會社任職技術顧問，於前不久離職。

在職期間，我沒領過一分錢加班費，也沒和公司爭取過任何權利。但在離職的這一個月內的『有薪假』期間，只因為我兼了一份差，所以被公司追討一個月的薪水。這對我，一個普通的白領而言，是個很大的負擔。

如您所知：臺灣是個對日本友善的地方。儘管有著工作上的不愉快，身為臺灣人，仍然相信日本是個好人居多的國度，一分耕耘一分收穫在日本仍是個有效的原則。而貴團體的存在，更讓我深信這個國家是充滿希望的。

貴團體若能在百忙之中，願意對我、一個外國籍的勞動者伸出援手，提供諮詢服務，我將感激不盡。」

信寄出，我沒多大把握對方會回信。這說不定是個已經沒在運作的團體，甚至只是一個打著「非營利」的幌子，實際卻錙銖必較的斂財集團。我如今只有死馬當活馬醫了。

沒想到，就在信發出後當天下午五點半，回信來了。

「侯桑

您好，我是勞動者義務支援團體的矢部。希望能在本周末務必和您見個面，談談您的問題。恭候您周六下午一點大駕光臨。

矢部」

收到信，分外高興，起碼自己已經不是在單打獨鬥了。我寫了個信，謝謝對方的回覆，說好周末登門造訪。

不論這是一個甚麼樣的組織，我比起之前的徬徨無助，心裡多了一些對抗的「資本」。四月二十七日，我單槍匹馬找到青砥這家義工團體的所在。

「您好，我是之前和您們通過信的，姓侯，想找您們的義工，矢部桑」。我對著應門的小姐表明了來意。

「侯桑？歡迎歡迎！矢部桑剛好今天有事，由我來提供您諮詢服務。」小姐一邊說，一邊把我引進了會議室。

「我姓高原，是本會的義務諮詢師。侯桑您目前面臨的問題是……？」高原小姐親切地安排我坐著，主動開口問我要諮詢的內容。

我再把我的問題，口頭向高原說明一遍。

高原聽完，微笑地告訴我：「侯桑，首先，『有給』（有薪假）是員工的福利，不可以用任何名義剝奪，這是有明文規定的。但是你『有給』期間『兼職』的部分……」

「恩？」

「我想，公司是在你提出離職後，給了你『有給』，你的兼職並不會造成公司任何損失。公司沒理由向你討回這筆薪水。」

我聽了，大喜過望。我謝謝她的細心解釋。在這件事情上，我有信心：我已經立於不敗之地了。

但是，事情是否就這樣結束了？萬一公司不罷休，我該怎麼辦？公司占著「資訊不對稱」的有利立場，看準我不知道日本的法令規定，幾乎要把我手中的薪水要了回來。我思索了片刻，做出了一個主動出擊的決定。

「公司在我這一年半的任職期間，沒給過我一分加班費。我還有機會討回來嗎？」

我開口問道。這是一個反守為攻的策略。

其實，在這之前，我仍有兩種臺灣人可以做：一、逆來順受，讓日本人覺得「聽話好用」的臺灣人；二、據理力爭，不和稀泥的臺灣人。

前者我做過，至今仍有很多臺灣人搶著做，但「效果不大」，日本人不會因為你的順從而多敬你一分。當我做出「討加班費」的決定後，我走上了後者的不歸路。

高原小姐表情似是一怔，隨即恢復平和的語調：「侯桑，您有證據證明公司積欠你加班費嗎？」

「我不知道要怎樣的證據。公司平日要我們如實報工作時數，但我一旦如實報上去，公司又指責我報太多，讓我根本無法申請加班費。」

高原小姐聽了，苦笑著說：「這種事常聽說……只是，就算您手邊握有當時加班的紀錄，一旦要爭取加班費，這種加班費的精算，哪怕是日本人也不見得能正確核算得出。」

「那該怎麼辦呢？」我不安地問道。

「恩……我建議您找弁護士（律師）來幫你爭取。連同『有給』的事情也一併請他幫忙。」

弁護士？那得花多少錢？更何況，哪怕錢都花了，還不能確定爭取得到，那又該怎麼辦？

高原似乎看出我的困窘。她微笑地說：「您放心，有專門為勞工爭取權益的義務弁護士，您可以把您的問題告訴他們，他們會幫您處理。」

高原隨即把她所知道的義務弁護士連絡電話抄給我。那一霎那，我突然覺得：有這群為勞工打拚的日本左派真好！我們來自臺灣的人，「右派」幾乎成了我們的基因，誰會在第一時間想到找左派呢？

我不用還錢，甚至可能要回一筆錢。我不僅有了信心，還有了鬥志。

回到家後，我打電話給麻里，把到青砥找勞工團體的事情告訴了她。麻里聽得極為吃驚。我做的事情，完全出乎她想像之外。

「畢竟是日本人呀……」我笑她：「無論甚麼事情，你們會第一個想到『對公司不好意思』、『對團體不好意思』，完全站到資本家的立場，忘記自己是個勞工。」

麻里語帶慚愧的說：「確實，從小到大，學到的都是如何爭取團體榮譽，不知道爭取自己的權益。呵呵……」

我把麻里骨子裡揮之不去的「日本人團體意識」一語道破，麻里上回數落我時的犀利態度，全部煙消雲散。

接下來就是找義務弁護士了。就這樣，我以一個外國人身分，在日本「越玩越大」。

小林弁護士登場

第二天，我依照高原給我的電話號碼，打給了義務弁護士，小林先生（日語中，對於弁護士這類學有專精的人，就需要稱「先生」）。小林在電話中聽完了我的描述後，先約我他的事務所見面。

事務所位在一個不起眼的巷子裡，連個招牌都沒有。但我仍希望他是個「大隱於市」的能人，等到我見到他本人時，心涼了一半。看上去五十多歲的中年人，慈眉善目有餘，招呼我坐下時也算是熱情，但說話卻是有氣無力，實在不像會是個辯才無礙的法律專家。平生第一次找律師，電視電影裡，律師精明幹練的形象深印我腦海，這和眼前這位「歐吉桑」差得太遠太遠。

我自我安慰地忖度著：「免費的，還能怎麼樣。」

我開門見山說明了我的委託事項。小林先生聽完了我的說明，陷入沉思，隔著厚厚的老花眼鏡，我幾乎以為他在睡覺。

半晌，他總算開口。

「侯桑，有薪假的事情，請放心交給我。我幫您爭取。至於這個加班費嘛……」

他咳了幾聲之後，又開始沉思。我想，他要是個收費律師，足以把花錢買他時間的客戶急死。

過了一會兒，他似是思考完了，繼續接著說：「既然向公司提出的『工作時間表』，都是事前被公司擋下來加工過的，證據力不大；侯桑要是手邊有當時的工作紀錄，哪怕是手寫的都行，全都拿出來作證據；如果有當時一起工作的同事作證，那更是再好不過了。」

聽完小林的分析，我又灰心了。公司在表面上，並沒阻止我們「工作時數」的申報，真正上下其手的，是當時負責專案的專案經理——大月。我們報上去的加班費，十有八九都被大月打回票。既然報上去的加班費，在第一線就被擋下，我手邊還能有甚麼「手頭紀錄」呢？

「我……我手邊只有一點當時的手頭紀錄，但也所剩無幾了。這樣也行嗎？」

我不好意思地問。

「大概多少？」

我心中暗自計算著：那些手頭紀錄，加一加恐怕才十多萬日幣。這點加班費就要請弁護士幫我代討？

「光看手頭紀錄的話，大概才……十多萬吧。」

小林先生透過老花眼鏡看著我，似笑非笑，似乎又開始沉思了。我不知道這位義務弁護士平日收入從何而來，如果是從當事人的「訴訟標的」抽成，我這筆金額顯然不具備任何吸引力。他在沉思甚麼？難不成在考慮如何推辭我嗎？

「請交給我辦吧！我們一起努力。」小林先生深深鞠了一個躬，我驚喜之餘，也忙不迭地回禮。他居然願意接手這個案子了！這些左派的朋友是真心要幫勞工的。

小林先生願意出馬幫我。雖然年長了一點、反應鈍了一點，但這不是甚麼棘手的大案，有他應該夠了。接下來，就是我自己要找證據。

我想到了另一個和我一起在東莞做專案、如今也快離職的同事，上島。

當時我和上島一起工作。幾乎可說：上島是多少工時、我就是多少工時。上島算是manager了，manager依規定是不能領加班費的（雖然這規定本身也有問題），所以上島當時如實報工時，大月也不會說他甚麼，因為他本來就是一毛錢加班費都領不到。只要專案成本尚能粉飾，大月是不會計較上島多報工時，但會計較我多報工時，理由就在此。

但是找上島，打開天窗說亮話，要他做我證人，那太天真。無論如何，上島現在還是公司的人呢！

我猜：我已經離開公司，「我欠公司薪水」（員工欠公司薪水？真是新鮮）這件事，最多只是在人事部引起一陣波瀾，公司一般同事還不知道，包括上島。果真如此，那麼，有一招或許可用。

我在LINE上找到了上島。

「お久しぶり（好久不見）」，我先試發了一個訊息。十分鐘了，沒有動靜。我不知道他是否故意忽略我的訊息。如果他不理不睬，我只有另起爐灶。

正打算再發一個訊息時，他回覆了：「お久しぶり。最近如何でしょうか（好久不見。最近過得如何）」

太好了。起碼我不是他的拒絕往來戶。我和他用LINE訊息閒話家常，他和我一來一往，言談間沒提到任何一句我「欠薪」的事情。

看來，一如我所料，他只知道我離職，不知道我和公司之間鬧的事情。

「東莞的小姐，有沒有在LINE上跟你聯絡呀？」我故意把話題轉到東莞「小姐」。日本人在東莞處處留情，扯「小姐」，很容易就把話題帶到東莞專案上。

「有呀」上島回覆。

「沒日沒夜地在東莞做專案，幸虧有了這些小姐，對吧？」我再回覆。

「哈哈！侯桑沒小姐聯絡嗎？」上島回覆。

「我哪有你那麼受歡迎。」我再回覆。

「東莞真是快樂」上島回覆。

「我們加起來有〇〇工作時數了吧?快樂是快樂，但是一毛錢加班費也拿不到，真是喪氣。」我回覆。

「〇〇工作時數?我跟你在一起做的，我以為你做得更多哩，哈哈！哈！夠了！這個同事已經用以上的對話證明我超時工作卻沒拿到加班費。」上島回覆。我把這段 LINE 的對話留著，作為證據之一。

小林弁護士還建議我收集公司的薪水單，證明公司只給我固定薪水，沒有任何一毛加班費進帳。我也照做，連銀行的薪資轉帳資料也準備好。

自從那次向公司坦承「兼職」以來，人事部效率奇高，兩天後就把「請款書」寄到我東京住處，要我將公司一個月的薪水退還。之後，就是每天打電話、發 mail，催我「還錢」。偌大的公司，為了幾十萬日幣，徹底化身成了「討債公司」。

也不能怪這些人事小姐們：這筆帳，我不還，她們當中可能就有人要做替罪羔羊。

我回了一封信給人事部：

「您好：
經過與勞工團體商量的結果，我決定捍衛自己正當權益。恕我礙難歸還這筆應得的酬勞。
由於事情可能已超出各位的權責範圍，我建議貴公司請法務部與我協商。」
人事部的女同事其實都長得很漂亮。好男不和美女鬥，要鬥，就和法務部的歐吉桑鬥才是正道。
人事部仍在發信催錢，我聽小林弁護士的話，置之不理。我帶著收集來的證據，再度找上小林先生。
他看了一下我手邊的「證據」，表情有些為難。
「侯桑，老實說，這都是間接證據，要爭取加班費的話，有些難度。」小林先生解釋道。
「我知道，但是，我根本沒有工時報告可以證明，只有這些了！」我無奈地說。
「恩……可以試試看。我先發個律師信給你公司，看他們的反應，再決定下一步。」

小林先生替我算了一下。包含周六日加班在內，大約五十萬日幣的加班費未付！

「短短半年間，這麼多加班費全成了『服務加班』（サービス残業），這是很惡質了。」小林先生搖著頭說。

所謂「服務加班」（サービス残業），是句日語，指加班卻沒領加班費，全部服務奉獻給公司的意思。

加班費的追討，有兩年的期限。發生在二〇一一年十二月的加班費，我必須趕在今年底前追討到手。

小林先生隨後擬好了律師信，寄給了公司。

公司很快回覆，這次是法務部。約我們一周後到公司來一趟「共商解決之道」。

就這樣，迎來了我「薪水保衛戰」與「加班費討回戰」的最後一役。

最後一役

和公司談判當天，下午一點，小林先生和我先約在附近咖啡廳，商討「戰略」。

「公司的人事部曾經發過通知，要我們『不可以未經允許呈報加班費』，這本身就為主管們上下其手開了後門。你認為呢?」我問道。

「這種電子信,不一定是違法,要看具體內容。這電子信你有留著嗎?」小林先生反問我。

「沒有。我們離職,電腦都要還給公司,所有往來信件都在公司的電腦裡。我們不可能留備份的。」

「那就不好辦了。現在公司也不能把過去的信件再拿出來給你看,供你當證據來指控他們。」

小林先生一如往常地陷入沉思。我說:「沒關係,只要等一下見到公司的人,我自然有辦法找到證據。」

小林先生大惑不解地看著我。我不再多說,只希望他等一下不要睡著即可。眼見時間快到,我與他先進公司再說。

下午一時三十分,我和小林先生進了久違的公司大門。

櫃檯小姐招呼我們到會議室裡。沒多久,法務部和人事部,一共四個人,進了會議室。小林和他們交換了名片。我笑笑,說我離職前把名片都交給公司了,沒名片。

「但是你們都知道我是誰。」我話中有話,說得在場的人乾笑了一下。

小林先生作為我的代表，首先發言。

「對不起，耽誤大家一些時間。今天是因為我的當事人，侯桑，在貴公司工作了……一年半吧？前一陣子離職，卻在『有給』期間，因為『兼職』的理由，被貴公司催討薪資。我們想弄清楚貴公司的立場。」

「關於這個部分，鄙公司是有規定的……」開口的是法務部的西川，他說話的同時，使了個眼神，人事部的山本小姐隨即攤開了一份準備好的誓約書，上頭有我當初進公司的簽名，誓約書上清楚寫著：「不得在本公司就職期間兼職」。

西川接著說：「這不是針對侯桑一個人。所有進公司的人都要簽的，包括我自己也一樣。我們公司的業種特殊，和客戶接觸頻繁，兼職之下一個不小心，就容易涉及不公平交易或內線交易，這種風險太大，所以我們才和員工簽了這個約，這其實……」

「西川桑，請等一下，」小林打斷他的話：「如果侯桑拿著你們的薪水，到了臺灣工作，你們還要不要追討這筆錢？」

我本來還擔心小林歐吉桑在談判時睡著，怎知他一旦上場，火力全開，一句話就說得在場人面面相覷，一時不知怎麼回嘴。

西川愣了一下，半晌，他總算說：「這個……我們不是談技術上的事情，我們談的是勞資契約關係。」

「也就是說，只要技術上兼得了職，你們就不會追究？『有薪假』期間，不就是技術上兼得了職的時候嗎？」小林先生接著又追問。

西川身邊坐著的另一位法務同事，片山，開口了：「小林桑，我們現在在日本，用不著把話題扯到臺灣那麼遠吧？」

小林看了一下桌上名片，確定了說話人是片山，隨即開口道：「片山桑，也好，那我們就談談日本。你知道過去關於兼職違約訴訟，被法院判公司勝訴的，並不多，對吧？」

片山只說一句就語塞。半晌，換西川開口：「小林桑，我們沒講到訴訟，我們只想溝通雙方的立場，找出一個和平的解決方法。公司的立場很清楚，希望侯桑能依照契約規定，把錢……」

「我方的立場就是不還錢！」小林先生斬釘截鐵地說：「這是侯桑本來就該拿的！有薪假，是勞工應享的權利，他要怎麼運用，是他的自由，連厚生勞動省都行文規定了，你們真有本事，就來提告。」小林先生隨後附帶一句：「我猜你們也沒那本事！」

這個小林歐吉桑，比我想像還要軟中帶硬！在場的兩個法務代表愣在那裡，臉上青一陣紅一陣。

小林先生的表現超出預期，我坐在一邊，看著他和眾人過招，看得目炫神迷。

「我方不僅不還錢，還要向貴公司追討加班費。」小林邊說，邊把我和他整理好的加班費清單拿出來。

這回，換人事部兩個美女慌張起來了。兩個人看著我們的清單，交頭接耳地討論著。

沒多久，人事經理野原小姐開口道：「侯桑，您可有任何證據，證明您確實工作過這麼多時數？」

我把手機打開。手機上有我和上島的 LINE 對話。對話內容很明白：我和上島一起工作，頻頻加班。

野原一邊看著我手機上的訊息，一邊「恩」「恩」地沉吟著。半晌，野原道：「侯桑，既然如此，你為何當初不報呢？」

「野原小姐，您知道的，人事部發過通知，要我們沒上司審核，就不許報加班費，所以上司就擋下我們的加班費……」我回答。

「這樣的話，貴公司就違反了《勞動基準法》了。」小林接著說。

山本小姐聽了，立刻接腔道：「不，侯桑，您是不是記錯了？我們沒發過這樣的通知。」

「我沒記錯。不信，你們可以問大月經理。當初我在東莞做專案，他是我們的專案經理，你們讓他很為難，他為了遵守公司規定，才不讓我報的！」我的話，聽似為大月「開脫」，其實等於拖他下水。

大月自從東莞的專案之後，爬升成了「資深經理」。東莞專案成了他晉升的關鍵，也難怪他會在專案期間對我們厲聲嚴色。這個專案一旦做成，他升官就指日可待，當然要嚴控進度、嚴控成本，哪怕粉飾也在所不惜。正因他積極擋下我們的加班申報，我從此以後才不再報加班時數，再通宵達旦也不報了。他也因此交出了一份漂亮的「績效成績單」。所以，在東莞做專案時，大家沒日沒夜地加班趕進度的結果，等於成就了他個人升官加薪，做屬下的則是甚麼都沒得到。

野原和山本兩人又開始交頭接耳。我隱約聽到她們在討論「要不要找大月桑來」。「資深經理」按規定可以不用常常跑第一線，留在公司做「企劃」。大月能來親自對質最好，就算不行，通電話也可以。

但是說實在：大月過去在專案做過我上司，他與生俱來的特質，讓我想起來還是有些不寒而慄。身高一八〇，平日常上健身房，練出一身「不怒而威」的特質。當年，AKB48的峯岸小姐剃光頭謝罪的事情，在海內外掀起一番物議。我看了一點都不奇怪，有一位和大月一起工作，比他低一階的同事，就是因為犯了小錯誤剃了一個大光頭。大月逼他剃的？他自己要剃的？沒人清楚。但是在日本職場犯錯，就要剃光頭謝罪，我是親身領教過的。大月就是有這種讓人不敢怒也不敢言的「老大威風」。他有辦法逼著我一個同事剃光頭，也有辦法逼得我不能報加班，靠的就是他那種不怒而威的氣質。他若真來跟我對質，我怕我這種「小型草食哺乳類」未談先輸。

交頭接耳了一陣子後，山本小姐開口了：「侯桑，您等一下，我們去找IT部的人來，幫你把原先所有往來的email調來。您自己找找，有沒有所謂『人事部通知不得報加班費』的郵件。同時，我們也會請大月經理進來了解一下。」

話說完，山本帶著急促的高跟鞋聲，走出會議室。

日本版的SOX法案（臺灣譯為《沙賓法案》），並未要求上市企業一定要保存郵件，但這家公司比照美國SOX，郵件都保存得好好的，以備未來稽核、甚至訴訟之用。

小林低聲問我：「你確定有這麼一封郵件？」

我微笑道：「等一下你就知道了。」

沒多久，大月來了。他跟著山本進了會議室。

大月表情迷惑中帶著不悅，就像是睡覺被人吵起後在生起床氣。這是個在公司如日中天的明日之星，如今硬被拖來處理我這狗屁倒灶的事情，心情不好也是可以理解。

山本說：「大月經理剛好在，所以來和你們談談。等一下IT部也會把電腦拿來，侯桑你來找找那封郵件。」

大月緩步移著身軀，不情願地坐在我們對面。

我依稀記得第一次在公司見到大月，他對我親切握手。日本人愛鞠躬、不愛握手，手握得「不道地」的人常有，但大月不同，握起來確有大將之風。只是，這僅僅為初次見面的「見面禮」，初次見面之後，就完全恢復「上下隸屬」關係。如今我倆早無瓜葛，但他坐在我面前，我還是「慣性地」不敢正視他的臉。

「侯さん、ご無沙汰しております（侯桑，好久不見呀）。」他坐定後，淺淺鞠個恭，表情帶笑，眼神銳利。

我只鞠躬，沒答腔。

小林弁護士起身，拿出名片，遞給了大月：「您好，初次見面。我是侯桑的弁護士，小林。」

大月接過名片，順便也把自己名片掏出，遞給了小林。

會議室裡七個人，一時沉默起來。大月盯著我們，上下打量了一下。隨即開口道：「侯桑……」

我幾乎是條件反射般地回覆：「是！」

「想不到是在這種狀況下再見，呵呵。」

「不……不好意思。」

「聽說你和公司有些小問題，你怎麼離職了還惹麻煩？」大月說完，氣定神閒地盯著我。

不行了，看著這位曾經是我專案上司的人，我氣勢已經矮上一截，還談判些甚麼？

我突然靈機一動。

「Gentlemen, I am sorry. Because my Japanese is getting worse, I need to change to English if I may be allowed……（各位，不好意思，我日語退步不少，可以的話，我想改說英語）」

大月表情像是吃了一驚。他沒料到我會出這一招，但他更該明白我是外國人，何時冒出外語都不奇怪。今天也該讓他知道，我是個老外，不是那個見人鞠躬哈腰的日本人。

坐在一旁的小林歐吉桑慌了，小聲提醒我「用英語大家都聽不懂」。我說：「沒關係，我只說給大月聽。」

我接著用英文繼續說：「You remember the time when I reported my working hours, you rejected it just because it's against the company policy, don't you?（還記得嗎，有一回，你把我的工作時數報告打了回票，就因為公司規定的關係？）」

大月完全沒反應過來，吞吞吐吐地說：「W…what？」

我放慢速度，一個字一個字地說：

「You・rejected・my time report・didn't you?（你、退回過、我的工時表、

對不對？）」

大月像是抓到一兩個關鍵詞彙了：「t..time report?（工……工時表？）」

我這英文是否達到溝通效果，不是我在乎的。能徹底壓住他的老大銳氣才是我的目的。看來目的達到了！

IT部的人這時突然抱著電腦進來，說是把我的email備份找出來了。

山本小姐說：「太好了，那就請侯桑找找看，您說的那封『人事部通令不許報加班費』的通知到底在哪裡？」

IT部的人把電腦置放在我面前，我在公司一年半的通信紀錄全復原了。

人事部的人成竹在胸，認定我根本找不到這麼一封信件。我開始在備份匣裡找，但不是找人事部的信，而是大月的信。

找到了！二〇一二年一月十三日週五晚上，我和上島等同事，一起加班到深夜三點。我當晚就報了加班，隔周一，卻遭到大月退回。理由只寫了一句話：「酷すぎる（太過分了）」。

我拿給小林看，小林一邊調整老花眼鏡框，一邊看著信件內容，邊看邊搖頭。

「大月桑，這是甚麼意思？員工工作到晚上三點，你一小時也不讓他報，還說

『太過分了』。你這樣⋯⋯太過分了！」小林嘆著氣，眼睛盯著大月看。

人事部和法務部的人在場，不知所措，萬萬沒想到我所謂「要找人事部通知」這一招，其實是聲東擊西，激他們把我想要的證據奉上。

大月一副難以置信的表情，完全不知道發生甚麼事。他指著電腦，說：「あの⋯⋯ちょっと見せてもらいますか？（能不能讓我看一下）」

我把電腦交給他，他盯著螢幕看，看得發愣。我用日語，把二〇一二年一月前後的事情，解釋了一遍給他聽，幫助他「恢復記憶」。他一邊聽，一邊用滑鼠操作著畫面，似乎還在思索一個合理的解釋。

「大月桑，我知道你是不得已的，你只是在執行公司的政策。」我語帶諷刺地說。他若是代表公司，則公司違法；他若是不代表公司，則他本人觸法，還可能被公司索求賠償。

小林先生說：「貴公司的行為，明顯觸犯《勞動基準法》，你們看看該怎麼辦吧！」

法務、人事，看著大月發呆。

大月沉默了半晌，終於手一揮，說：「我知道了，我道歉。」

西川打破沉默，說：「我建議我們內部先商量該怎麼辦，請給我們一點時間，到時會給侯桑一個合理的交待。」

談判全勝。我和小林不再咄咄逼人，我們退出會議室，走到電梯口等電梯。

「你想要找證據，所以故意嫁禍給人事部？」小林像是恍然大悟般問我。

「沒錯！我若是事先說要找大月的信件，他們肯定會過濾掉大月信件中對公司不利的內容，或用任何藉口，不讓我接觸公司郵件。但我聲稱要看人事部的信件，人事部自認為『行事正確』，反而大方請IT讓我看信件。」我回答。

「那你怎麼連我也瞞？」小林笑著問我。

「我怕你演技沒我好。你要是事先知道我劇本，反而會演得不像了。」

．．．

我於後來接到通知，公司已經決定不追討我的薪水，並全額支付我的加班費。這份mail，我至今完好地保存在我的收信匣裡。

誠如我所說的：有小林、高原、矢部這些為弱勢勞工默默奉獻的日本人，我對日本還是有著好感，但是在日本作上班族？我相信有人比我更合適！

老侯如是說

連れて来た（帶來了）

在東亞幾個國家待了這麼多年，逐漸練就了一種功夫：看到某些亞洲人，不待對方開口，就知道他可能來自哪裡。

舉個例子：遠遠看到一群女孩子，說話時肢體動作多，則來自臺灣的機率大；如果是邊聽話邊安靜點頭，則來自日本的機率就高。

日本人特有的內斂，不僅是表現在肢體動作上，也表現在語言上，沒有一點演員的天分，外人很難學得來。幾年前在臺灣上映的電影《海角七號》，女主角田中千繪的演技之所以在日本影評人之間「不受待見」，只因「田中明明是個日本人，卻演技張揚，沒能演出日本女孩該有的氣質」。我猜，田中小姐畢竟是第一次在大銀幕演出，處處順從臺灣工作人員的指示之下，反而沒把自己表現出來，才是主因。

「內斂」反映在語言上，又是什麼狀況呢？話不說完、說一半，主詞沒了，有時連受詞也沒了。

講個簡單例子。日本女孩子帶你回家見父母。見到對方父母時，你正等待女孩子開口引見，你猜女孩子會說什麼？

「帶來了（連れて来た）」。就這一句，帶什麼東西來了？女孩子再沒交代。主詞受詞全沒了，只剩個動詞。女孩子第一次帶你見父母，喜悅之餘還帶著一點羞人答答，不好意思在親人面前說「志明，我那死鬼男友」，就是在這種「空氣」下，你成為女孩子口中「帶來了」的東西。類似這種情形，不勝枚舉。所以要搞懂日文，文字只占三成，七成得讀懂在場的「空氣」。

辭去日本上班族之後的日子

無所遁逃的上班族

最近，我的臺灣朋友們到日本來看我，來了一團又一團，我當自己人緣好，正在美得冒泡時，只聽大家眾口一聲地說：日幣貶，看你和到木柵看猩猩都差不多便宜，當然不來白不來。

日本近，再加上日圓貶，臺灣來日的觀光人潮擋也擋不住。前一陣子，馬總統向日方代表抱怨，說臺灣對日本的觀光產業處於大幅逆差狀態，要日本檢討，且連抱怨了兩回。依我看，這不是日本單方面檢討就能改善的，「貶日圓、救經濟」，本來就在日本內閣計畫中，你們的鈔票跑到人家的口袋裡，人家只會越「檢討」越得意。

既然大家都愛來日本、特別是來東京玩，我忍不住建議各位看官：您若是闔家前來，可別因為初來乍到，按捺不住興奮情緒，一早就趕搭電車到處閒晃。如果是碰到通勤高峰時間，一個弄不好，就會搞得妻離子散、身首異處。

甚麼叫做「妻離子散」？您闔家搭車，和一群上班族擠在車廂裡，您的夫人被擠到天之涯，您的一雙兒女被擠到海之角，您又自顧不暇，擠在門口進退兩難，如此，不到目的地，全家再難團圓，這就叫「妻離子散」。

甚麼又叫做「身首異處」？您不過是想伸個脖子查看車廂內的路線圖，被一群突然湧進車廂的OL擠得動彈不得，稍一挪動身子，瓜田李下，被人一口咬定您吃她豆腐，語言不通下，跳到黃河也洗不清，如此，除了維持歪脖子的扭曲姿態以自保，別無方法。這就叫「身首異處」。

這是有名的東京「通勤地獄」。東京上班族也早就練就一身「我入地獄，你們誰也別攔」的本事。望著早就擠得水泄不通的車廂，換成凡人，多半會打消搭車念頭，但東京上班族早就超凡入聖。車廂內密不透風的人牆，對他們而言，不是人牆，是人肉墊，擠出個凹窟窿還是能鑽。我就親眼見到一個西裝筆挺在月臺等車的上班族，車廂內分明毫無空間，他連想都不想，一轉身，屁股朝著人牆猛頂，硬是頂出一個差可容人的空間後上車。

總之，除非您太想體驗東京上班族地獄般的通勤光景，我奉勸各位看官，除非必要，別在通勤時間湊這個熱鬧。看著「滿員電車」，遠觀可也、訕笑可也、照相可也，這一照，說不定我還入了您的鏡頭。因為這就是我在東京做上班族的每日實態。

日本上班族予人勤勉的工作形象，有趣的是：根據日本「勞動政策研究．研修機構」所發表的最新《國際勞動比較》，日本人一個月平均工作時數為一四七．一，換算成每天的工作時數，則是七個小時半不到，比韓國臺灣還低。都說日本上班族辛苦，卻全在數字上蒸發掉了。苦到哪去，只有天知道；至於為何而苦，則是連我這個日本上班族都不知道了。有一次，因事和臺灣中國信託的銀行小姐通越洋電話，銀行小姐知道我在日本工作，興奮地說：「侯先生，您在日本上班喔？」

「是的。」我回答。

「好好喔！我好想在日本上班生活！」

銀行小姐語調異常高亢，不太像是客服小姐的應酬話。但從年輕女孩亢奮的語調聽來，我「在日本工作過日子」這一點，看來就剩下「騙美眉」的價值了。

就這樣，幾番思考後，我在日本辭去了工作，開展人生的新頁。

沒了上班族身分，本該是海闊天空，沒想到這在日本就是意味著墜入另一個階級。這是真正始料未及的。厚生年金沒了，房子租不了、房貸借不了、銀行戶頭開不了、信用卡辦不了。從前留學時，一個大陸同學半開玩笑地說：「中國算甚麼社會主義國家？日本才是！」話雖戲謔，但玩味起來確有幾分真理。日本的「會社（公司）」，與大陸當年的「人民公社」差可比擬。臺灣的全民健保，是由政府主導辦理；日本上班族的健康保險，則是由「會社」所屬的產業公會自負盈虧。日本大的「會社」照料員工生活，無微不至，和當年大陸「人民公社」包辦人民生老病死一模一樣。這就是為何日本人進了「大手企業」（大公司），就如同太監淨了身一樣，再轉型都難了。

「會社」讓員工每月拿同樣的錢，做著一樣的事，是因為「會社」幫著員工擋住了外界的經營風險，作為回報，員工自然是任勞任怨拿死薪水。我離開「會社」，就意味著我從此脫離這個井然有序的群體組織，自己承擔風險。這一點天經地義的道理，我是在獨立營業後才真正感悟。

海外仍有一片天

我離職後，一度考慮重回臺灣人力市場，投石問路之下，發現臺灣業者對於開拓跨國系統市場大多興趣不大（唉，人各有志），我努力培養出來的跨國經驗，看得上眼的臺灣企業不多，繞了一大圈，發覺還是留在日本機會多些。閑散幾個禮拜後，有一天，接到一通電話。是一家印度系統公司在日本的負責人打來的，自我介紹名叫「莫圖」，是個印度人，但日語極其流利，看來也是在日本待久了。

「侯桑，聽說你在日本，都是負責做跨國企管系統的？」

「是的。慚愧，也只會這個。」

「呵呵，我是透過你的日本朋友介紹的。說你腦子好，溝通能力強，不知道你有沒有興趣和我們合作？我們有個大案子。」

莫圖提的日本朋友，我大概猜到是誰。當初我和這個日本朋友意氣風發決定要「一起開拓市場」，但他最終臨陣脫逃，還是回頭做上班族了。大概是基於內疚，把這送上門的機會讓給了我。

「我很樂意試試看。請問是甚麼樣的案子？」我問道。

「是一家歐洲的機械製造商，要在他們的日本分公司導入系統。我們正在和別的系統商競標。這案子金額不小，我們務必想拿下，可惜的是，我們在日本找不到合適的雙語系統人才。」莫圖解釋道。

莫圖說，不少日本人聽到這案子內容「要和老外打交道」，已經先懼了三分，再加上不景氣，敢於出來闖的人越來越少，大多數選擇在一家公司的資訊部門安穩窩著。所以找個合適的人才實在不容易。

完全符合我所料。日本年輕人逐漸「內向」，這幾年特別明顯。以絕對數來看，二〇一一年出國觀光的日本人，共一千六百多萬。看官們要是覺得在海外見到日本人的機率不低，原因很簡單，因為日本一年就是送了這麼多人出去。但以人口比例來看的話，日本人出國的比例就不高了，在亞洲各國中，甚至還低於臺灣、香港，僅僅十四．六％（臺灣為四十．四％）。到了二十多歲還沒出過國的日本人，越來越多。

我認識一個日本人，想到出國就頭疼。問他頭疼甚麼，他回答「出了國就不會點菜」。

細想一下：看著滿紙外文的菜單，不會點菜，確實是個傷腦筋的事情，但不至於要人命。「點菜」可視為難關之一，但絕對是最後才想要克服的「難關」。對於我這種天生樂觀的人而言，甚至還視為「樂趣」。

日本是個各方面都便利的國家，便利到任何一個日本人、到了任何一個海外國度，都會大感吃不消，想早早回國。便利店到處有、自動販賣機到處有、各種服務到家、連上個廁所都有自動洗屁股機……，日本越是便利，離開日本就活不下去的日本人，也就越來越多。我以前在東莞郊外做過的日資工廠專案，甚至看到日本人把洗屁股機都帶來這個窮鄉僻壤了。

所以，「點菜」問題，僅是壓死日本人的第一根稻草，怕沒便利店、怕沒自動販賣機、怕生病、怕沒法洗屁股……都是稻草，全壓上來，成了稻草堆，有幾個日本人受得了？

但，這不正是讓我這種有志於「做跨國生意」的人，有了做生意的機會？連外國長啥樣子都沒見過、想到外國就怕的日本人那麼多，這生意我們不賺，誰賺？

為了測試我的英語能力，莫圖改用英語口試，我過了關。幾天之後，莫圖再請人測試我的專業能力，我也幸運通過測試。如此這般，莫圖認定我合格了，兩人於是約在他的公司見面。

莫圖本人身材高大，膚色黝黑，在印度人當中，也算是深色人種。我後來才知道，他出身的「比哈爾邦」，是印度種姓制度中「賤民」人口極多的地方，他卻憑著自己的努力，在海外闖出一片天。知道他的身世與經歷後，真覺得自己十幾年上班族的日子過得太安穩。

莫圖和我親切握手，簡短寒暄過後，隨即進入正題，談如何一起拿下他口中的這個「大案子」。

「這家歐洲機械公司，為了替在日本的分公司導入系統，系統專案負責人早就與幾家日本當地的顧問公司接洽過。我們是透過好幾層關係，才和這家公司搭上線。他們總算願意給我們一次機會，讓我們參與競標。」莫圖道。

「這麼說來，我們算是中間殺進來的？」我問道。

「沒錯。說起來，我們起步比別的公司晚。」莫圖邊說，邊把資料攤開，和我解釋了一下這家歐洲公司的系統專案內容。

「他們在東京有公司，在靜岡有工廠。這次的系統導入，除了日本，還包含中國上海。侯桑，你是臺灣人，你的中文……？」

「中文沒問題。」

「知道中國當地的會計制度？」

「知道，我在中國做過專案。」

莫圖滿意地點點頭。只是這事不是他滿意就能拍板定案，最終還得客戶說了算。但是我有信心：取悅日本人上司同事，我自忖能力不足（早放棄了）；取悅日本或老外客戶，我自視游刃有餘。

所謂「內戰外行，外戰內行」也。

於是我與莫圖簽了約。我帶領他的印度人團隊，衝鋒陷陣打這一仗。我不會再回日本公司，我也回不去臺灣公司，繞了一大圈，我又到了「外商」。這次是印度商。

你不知道的印度人

我帶領的團隊共四個印度人，一個銷售系統專家，一個庫存管理系統專家，兩個開發人員，全都是資訊領域的練家子。

印度人在世界上，是出了名的四肢簡單，頭腦發達。

他們四肢簡單到了甚麼程度？印度自一九五二年以來，五十六年當中，就不曾在奧運比賽中拿過一面以上的獎牌。以人口來平均，印度的獎牌數一直都是敬陪末座。二〇〇六年亞洲盃好不容易出了一個女子八百米田徑銀牌選手，後來「女選手」被揭發居然是個男的。「派個男的參加女子賽，也只能跑出個第二」，笑掉人的大牙。

但也正是這麼一個體育弱國，卻傾全國之力發展IT頭腦。光是二〇一二年一年當中，印度的IT外包產業就占了全世界市場的五十八%，金額高達一千億美元以上，比中華民國去年歲出總預算還高。投身IT產業，是印度種姓制度下「賤民」的晉身機會。我的印度朋友們，自莫圖以降，全都是藉此嶄露頭角。他們做IT，有著翻身的強烈慾望，是一股不可小覷的力量。

但在日本的他們，有個致命傷：日語再精通，卻多半不懂漢字。所以，與日本籍客戶溝通，特別是書面溝通時，就得仰賴我了。

而我僅有一個禮拜多的準備時間。一個多禮拜後，就要到客戶所在做「提案」。我熟讀了客戶的資料，和我的印度團隊分析了客戶的可能需求，沙盤推演了多次，也漸漸和這幾個印度弟兄混熟。

與印度工程師們打交道有幾個小難關要克服。印度人儘管大多能說英語，但說出來的英語是出了名的難懂，說得又快，幾乎每個字要吐出來之前，總得在口中來回反彈多次，這才好不容易迸出；迸出來的字，又像上了彈簧一般，回音不斷、繞樑不絕。再來，就是印度人針對「Yes/No」的反應自成一系，表達Yes時，腦袋不是點頭，而是如同鐘擺般左右擺動。由於「Yes/No」的腦袋擺幅差異不大，常常讓人摸不清頭腦。

印度人的飲食習慣又各自不同。有的只吃雞肉，有的只吃蔬菜，大多不吃牛肉。上個餐廳，得把菜色內容過問再三，才敢動手吃。這裡說的動手，有時是真「動手」。我的印度同事，一隻手就能把餅撕開，一口一口地塞進口裡，絕不假手餐具。看得雙手拿刀叉的西洋人、或單手用筷子的東洋人，都要自嘆弗如。

這場仗的勝敗，關係到大家的溫飽。我的小組裡，一個叫「瓦拉」的印度同事，希望賺一筆錢後回家討媳婦；另一個「山繆爾」，則希望靠著在日本賺來的錢給家裡添一部摩托車。沒人能等閒視之。

瓦拉說，這案子拿下來的話，他就先請三個禮拜假，回國迎娶新娘，風風光光辦一場婚宴。

「侯桑，你有把握否（Hou san, are you really confident）？」瓦拉問起。

我琢磨了一下，道：「瓦拉，告訴我，你老婆到時還等你不等你？」

「當然！」瓦拉自信滿滿地回覆。

「你只要把老婆顧好，我就有把握！」

說完，大家大笑。我也笑，只是笑得不踏實。「We are the best」，真假不說，但氣氛得由我來營造。還好，印度人大多比日本人樂天。印度人邊幹活邊自哼自唱；日本人邊幹活邊自言自語。面對這樣的印度同事，我只需一點點激勵的話，大家便士氣高昂。

不眠不休把展示資料準備了四天，做出一份「提案書」簡報。莫圖過目，表示滿意。我心裡不禁大嘆：「日人印人，何相異乃爾！」簡報內容有時反映了作者的思維與個性，好壞與否，是個很主觀的東西，但在日本公司，個人主觀是無法突出的，一份「提案書」被上司改得面目全非，已屬常態；如今和印度人第一次合作，印度夥伴即對我用之不疑，我深感「得君行道」之餘，自然亟思以行動報答了。

由於客戶的系統不僅要導入日本，同時還要導入中國。在東京提企劃案當天，客戶歐洲總部請來了中日兩地的業務負責人一起參加，聽取我們系統商的企劃案。同樣參加的，還有另一家競爭廠商，E公司。

E公司兵強馬壯，在亞洲早就是獨霸一方的顧問公司，我聽到對手名字，老實說，心涼了一半。而客戶採取的，又是一翻兩瞪眼的做法：由客戶方面提問，兩家廠商作答。會、不會，無法以吹牛皮帶過，只能用真功夫。這是我在日本商場的第一場仗，萬萬沒想到是這樣一場硬仗。

知道是硬仗，只有硬著頭皮打。我們戰戰兢兢迎來了到客戶處提案的那一天。

短兵相接

客戶的東京分公司，位在東京「千代田區」兩個地下鐵車站之間，從哪個車站過去都差不多距離，用日文說，就叫做「中途半端」，意味著從哪個車站過去都得走一段路。我為了怕大熱天裡大家走得心浮氣躁，出了車站便叫了計程車，一行人搭車直奔客戶辦公樓所在。

我們表明身分來意後，客戶櫃臺小姐對我們鞠個躬，隨即領我們進了會議室。我們明明是準時到達，但客戶會議室裡的大圓桌就幾乎坐滿了人，「會無好會」的氣氛，從一開始就明顯感受。會議桌上，歐洲面孔五、六人，坐於左側；亞洲面孔十多人，坐於右側。有幾個亞洲人，穿得特別西裝筆挺，想必是對手E公司的人馬。

我們幾個人坐定，從包裡掏出電腦，放在會議桌上。會議主持人隨即宣布會議開始。主持人來自瑞士，是負責這次亞洲區系統導入的專案經理，出席用戶則來自日、中等國家。所以會議主要以英語進行，但用戶的英語說得有些吃力，日本分社的社長索性連英語都不會，看來雖然是歐洲公司，海外分公司和總公司之間，聯絡並不那麼緊密。

會議議程共進行兩天。主持人先把上午議程介紹完後，就正式開始會議。對手E公司先上臺做簡報，打扮體面的男顧問以日語主講，梳妝整齊的女翻譯作英語即席口譯。男的一句，女的一句，簡報內容做得中規中矩，不虧是饒富經驗的團隊。只是會議室內昏暗燈光所引起的催眠作用，不消廿分鐘，出席者多人開始夢周公。我見狀，暗自叫苦：現在尚且熬不住，等一下輪到我，豈不全體趴在桌上睡，到時誰還看我們辛苦準備的內容？

「接下來，請X公司的侯先生為我們解說。」

輪我了。臺下幾個出席者揉揉眼睛，強打起精神。看著他們的模樣，我想，等一下開講，大家重夢周公，恐怕只是時間的問題。我臨時想出了一個臺詞。

「大家好，我先自我介紹。想必大家看我的臉，都猜出七分了：我是臺灣人。」

這話分別以英、日語說出，說完隨即暫停。

臺下先是鴉雀無聲。幾秒的沉默過後，一個意識到這是個笑話的歐洲人，首先大聲笑道：「Sorry, I can't tell the difference（對不起，我不知道哪裡不一樣）」

話一出，全場跟著笑成一片。幾個本來昏昏欲睡的出席者，似乎也跟著精神一振，笑出了聲。就連對手公司的幾個人，也忍不住掩著嘴笑。

我安心了。睡魔趕走之後，接下來只要照著事先準備好的簡報，行雲流水地說完即可。為了讓與會者多所參與，我加了一些互動問題，讓各國用戶「各言爾志」，只是老中說英語，「six」發音像「sex」；老日說英語，「fax」發音像「fuc#」。各自陳述對系統的需求時，老日說：「We want to fuc# our customers」，老中說：「We have sex offices」，用戶們語音才落，遠遠見到我的印度同事個個如鐘擺般搖頭。如此這般，一場多國口音夾雜的會議，開得活色生香，大家從頭到尾忍俊不禁。但是很明顯，全場已經被我的節奏掌握，彼此互動熱烈，從頭到尾聽完簡報。雖不敢說這是一場「成功」的簡報，起碼這已經註定不會是「失敗」的簡報。

我走下臺，不知何時，莫圖也來到場，微笑地看了我的表現。他拍拍我的肩，用日語讚道：「侯桑，不錯。」

上午的考驗過了，進入中午休息時間。客戶為我們顧問公司人員準備了便當，我們就在會議室用餐。印度同事們吃不了日式便當，結伴到外面餐廳覓食，會議室內就剩我和對手E公司的人員。我們禮貌性地間話家常。E公司的人好奇我的背景，彼此閒聊了一番。

「其實，我們身為日本人，也不愛做日本公司的案子。就算是到海外做也不樂意為日本公司做。」E公司一名叫內藤的顧問私下和我這麼說。

「為甚麼？」我問道。

「細かい（太瑣碎了），難搞。日本客戶的要求吹毛求疵不說，有時僅僅為了一個系統功能，比方說，單純做個『應收帳款管理』，客戶的需求不斷堆高，堆到最後，非得要幾個顧問一起來才勉強做得成。所以，可能的話，我們也想搶歐美客戶的案子。畢竟好做多了。」

「那倒是。」

「侯桑，多多指教了（よろしくお願いします）。」內藤深深地鞠了個躬，禮數周到地展現風度。

「哪裡哪裡，彼此彼此。」我也回了禮。

這類的話，我在臺灣也聽過不少。論起吹毛求疵，可能日本客戶遠在臺灣客戶之上。但論起何者「難搞」，則臺灣客戶絕對不比日本客戶「好搞」。臺灣客戶普遍樽節開支，一個系統案子，在七折八扣下，廠商彼此削價競爭，甚至到了影響系統品質的程度，是最大的問題。只是，成本可量化，品質難量化，當下省的錢，立刻反映在當年度的營收上；但犧牲掉的品質，往往多年之後才會嘗到惡果。

下午，進行另一個議程。客戶提出他們面臨的問題，希望從我們系統顧問得到解答。

「我們很想知道我們國家消費稅調漲到八％時，你們設計的系統有沒有辦法迅速對應？」

這是日本客戶會計部門的人員提出的問題。

講到日本的消費稅，就不得不提神仙也難救的日本「公債」。日本的公債是日本國民總生產毛額的兩倍。白話地說，等於一圓日幣的錢才賺到手，就得還兩圓日幣的債。用資產負債表來看，二〇一二年底，日本共有負債一〇八八兆日圓，資產總額卻僅有六二六兆日圓，幾乎是把整個日本都賣了也還不起錢。日本再不增稅，則國家何時破產都不奇怪。調漲消費稅是必走的路，但一次調漲太多，對經濟打擊面太大，所以日本政府計畫分段實施。第一次從五％調到八％，接下來再從八％調到十％。調到十％之後，是否就不會再調，誰也難預料。但每調一次，日本各公司的資訊系統就得更動一次，意味著我們系統顧問又能多賺一次。

E公司的顧問似乎對此成竹在胸，立刻答覆道：「系統的更動相當簡單，只需把系統裡關於消費稅的設定，從五%改成八%就可以了。」

顧問說完，翻譯也說完，瑞士籍的專案經理滿意地點點頭。

我聽了一肚子狐疑，私下問了銷售系統專家瓦拉：「有那麼簡單嗎？」

瓦拉稍加思索，低頭小聲對我道：「當然沒那麼簡單，我在印度就改過。改消費稅的當下，未出貨的銷售訂單、未到貨的訂購單、退貨的發票，該維持舊稅率？還是新稅率？E公司的顧問一個字沒提。侯桑，我們打回去！」

「瓦拉，有你的，你準備娶老婆吧！」我誇完他後，立刻舉手道：「對不起，我想補充一點。」

專案經理看了我一眼後，示意讓我回答。

「村山首相決定調漲消費稅那年，我在日本念書，記憶猶新，因為他一決定要調到五%，就把我嚇回國了。所以算一算，五%的稅率從那時維持到現在，都十多年了，誰也不敢說自己有著豐富的『更改消費稅設定的經驗』，」我笑了一下：「包括E公司的顧問也一樣，對吧？」

E公司的人面面相覷答不出話。

「所以，我們有這方面經驗豐富的印度顧問。根據我們顧問的評估，系統除了要改稅率，還得掌握訂單和退貨，」我再加了一句：「這種事，得找真正有改稅經驗的外國顧問。可能日本經驗派不上用場。」

客戶的會計部經理像是恍然大悟，拍起桌子喊道：「なるほど（原來如此）！」

就這樣，下午的會，我們再度奪回主導權。我們對中國用戶解釋了中國企管系統的做法，對日本用戶說明日本特有的系統架構，一天下來，幾乎是兵來將擋，水來土掩，以一個外籍兵團而言，我們算是表現不俗。會後，我和印度同事們相視而笑：「我們大概贏定了！」

這個信心，一直維持到第二天的上午。

急轉直下

第二天一早，我們來到客戶公司的會議室。這天下午要與客戶歐洲總部的全球專案負責人做電話會議。

E公司的人早就到場，像是竊竊私語些甚麼，一看到我們出現，卻又停止了討論，氣氛明顯詭異。我沒放在心上。我把公事包放好，走到了茶水間倒水，見到E公司的內藤顧問一個人在茶水間裡。

「どうも、こんにちは（您好呀）。」我禮貌性地打了個招呼。

內藤也回了禮，眼神卻有些飄忽。我邊倒水，邊聊些天氣等閒話。內藤附和了幾句後，看看周遭無人，突然壓低聲音對我說：「侯桑，我們查了……」

「恩？查了？」我聽得一頭霧水。

「透過認識的人查了你以前的公司，知道了一些你的事。」

看著內藤的表情，我深知E公司「查到」的，必然不是我的「豐功偉業」。我當初為了和日本同事吵了一架憤而離職，這是我人生僅有的一次意氣用事。如果E公司有心，大可以拿此借題發揮，「侯桑不合群」、「侯桑不勝任」……風評只需簡單一句，卻足以讓我百口莫辯。顧問業界是個封閉的圈子，具備了壞事傳千里的所有條件，換成日本也一樣。

我依稀想起內藤昨天和我閒聊時，是邊談話邊抄筆記的。當時只暗自笑日本人迂，連閒聊也要「記重點」，這下全明白了。

「對不起，昨天公司都知道我和你聊了天，所以，從我這裡探聽了一些你的事情，再透過認識的人問到你以前的公司……」內藤說時帶著慚愧，表情像極了日本電器行裡為了「商品缺貨」向客戶道歉的店員。只要稍加訓練，任何日本服務業從業人員的表情都能做出這樣專業的「愧色」。

「いいえ、いいえ（沒事沒事）」我故作鎮靜道：「この業界って狭いっすね（這圈子真小呀）」。

我胡亂說了幾句應酬話後，就匆匆走出茶水間。

「侯桑，」突然內藤從背後叫住我：「你倒的水忘了拿走！」我回頭，勉強擠出笑容，轉身去取我的水杯。「侯さん、大丈夫？（侯桑，沒事吧）」內藤追問道。我連聲「はい（是的）」之後，離開了茶水間。

現在就斷定內藤是敵是友，尚嫌過早，但就「擾亂軍心」這一點來看，他的目的確實達成了。接下來的議程，我如同洩了氣的皮球，客戶的問答我都聽得左耳進右耳出，客戶感受到了，我的團隊更感受到了。我必須承認，我實在不具備談笑用兵的資質。商場就是戰場，E公司沒有對我手軟的道理，想到這一點，我的樂觀情緒完全消失。

「侯桑，」瓦拉關心地問：「Are you alright?」

我回過神，強打起精神，還是重複那句話：「你只要把老婆顧好。I am alright.」

這是色厲內荏了。他顧老婆，誰顧我？看著E公司的顧問不時與客戶專案經理交頭接耳，對此刻的我而言，全是磨刀霍霍，杯弓蛇影。我極可能被這個專案掃地出門，莫圖對我的信任自此瓦解，我在這個業界再無立錐之地……。I am not alright!

休息時間，莫圖不知何時出現在我面前，把我叫到另一個小會議室。

「侯桑，……」莫圖和我對坐，欲言又止了半晌，結果還是開了口：「there are some discussions going on（我們正在談一點事）」

「甚麼事？」我問道，但幾乎猜到八分，心裡已經做了最壞打算。

「我猜客戶大概從別處聽來甚麼了。客戶說，……客戶說，如果侯桑代表我們公司主持這個專案，他們可能無法與我們合作。」

果然，這是我能預想到的最壞狀況，莫圖親口說出，算是利空出盡了。

「但是，今天的會總要開。我和客戶說了，關於侯桑，我們會另外安排。你別消沉，下午你還是代表我們把會開完吧。」

我點點頭答應。氣早就洩得差不多，莫圖的話更讓我一路洩到底。翻盤沒可能了，下午是和客戶歐洲總部專案負責人的電話會議，電話會議完，我就被請出專案。我成了個道地的瘟神。

下午，我有一搭沒一搭地開著會，幸虧內容不是那麼重要，也可能是我自動「視為」不重要。就這樣熬到了三點，正式與歐洲全球專案負責人開始電話會議時，卻遇到了我生平最戲劇性的一刻。

全球專案負責人，彼特（Peter），是個很容易記的名字。生平已不知道遇過多少彼特，洋人彼特與華人彼特。透過會議室的電話會議設備，彼特和大家親切地打招呼。

「大家好，KONICHIWA（日語的「你好」）。」

「嗨，彼特好！」

「你們該是下午了吧？我們這裡是早上。」

「是的，我們是下午。你剛睡醒？」瑞士籍的專案經理促狹道。

兩人寒暄了一下之後，彼特突然話鋒一轉：「侯桑在嗎？」

會場的目光全投向我。我今日的表現與昨天完全不同，幾乎沒做過一句發言。聽到叫喚我的聲音，我像是醒了一般，繃緊了神經，應了一聲：「Yes!」

「侯桑，你忘了我了？我是B集團的彼特！」

B集團？我在回憶裡翻攪一番，總算想起了這個荷蘭籍「B集團的彼特」。我精神大振，起身快步走到電話會議麥克風旁道：「Hi, Peter, how can I forget you!!（彼特，我當然沒忘記你）」

在離開前一份工作〇〇株式會社前，我曾與其他同事被公司派到這家歐洲「B集團」東京分公司，擔任他們系統更新計畫的顧問。彼特就是當時「B集團」這個專案的負責人。我們人馬浩浩蕩蕩進駐了一天，就被告知「B集團」因為去年財報結果出現大幅赤字，今年必須節省開支，「系統更新的計畫無限延期」。這個消息正是由彼特發電子信告訴大家的。

僅僅待了一天，就被告知收攤，大家都覺得錯愕。我還記得當時同事們彼此苦笑，收拾打包的情景。

當時，我突然想到一個主意：「發個信給彼特，給他打打氣吧。」為此，我和我們的專案主管提了一下。

「余計なことしなくてもいい（別沒事找事），」專案主管一句話就把我否決了：「這是業務人員該做的，不是你做的。」

話雖如此，我還是在事後偷空發了電子信給彼特，信中除了對他們B集團的狀況感到遺憾之外，我還這麼激勵他：「我相信我們會在東京再見面！」

這是將近一年前的事情了。我只知道後來彼特也跳了槽，但萬萬沒想到彼特現在在這家客戶做起了全球企管系統負責人。

「侯桑，你說中了，我們又在東京見面了，呵呵！」彼特說著，兩人光是敘舊就談了五分鐘，其他會議出席者好奇地看著我和彼特的交談，完全不知道我和這位「全球系統專案負責人」之間有著甚麼淵源。

這個專案後來花落誰家，不須我多做交代了。瓦拉下個月就要結婚（比預計延期了）；山繆爾則早買了摩托車；而我也總算在東京有了一筆遠高於一般上班族的收入。

彼特事後和我聊天時，這麼說著當時的心情：「B集團說要縮緊預算，接著就是裁員。我對你們公司很抱歉，但我自己也是惶惶不安，因為自己可能就是裁員對象之一。」彼特描述的狀況，完全在我的想像當中。若非公司財政惡化、必須採取斷然措施，一般來講，這種毀棄商業契約的事情，是不太可能做的。B集團當時必然遭遇大變。

「在這種狀況下，侯桑，你發的那封mail，確實讓我看了很受用。一封鼓勵我的信，居然是來自外部顧問，你們的銷售業務都沒那麼貼心。呵呵。」彼特笑了笑，接著說：「日本人做事很守規矩，但你做事很講感情。一個講感情的人，是不可能丟下客戶不管的。這個專案我要定你了。」

這是我在異鄉商場的第一仗。如今想想，還是充滿了太多的不可思議。所謂「交友須帶三分俠氣，做人要存一點素心」，這是我們華人最樸質的做人基調，連翻成外文都難，卻在意想不到的時刻、意想不到的地方，發揮了不可思議的力量。

做人，不就是那麼回事嗎？

就這樣，我又重回到每日擠電車的日子，您下回若來東京，看著「滿員電車」，遠觀可也、訕笑可也、照相可也，若在擁擠的人群中，碰巧看到一張擠得變形的笑臉，呵呵，那多半是我了。

老侯如是說

満員電車（まんいんでんしゃ）

日本通勤電車的爆滿景象，絕非臺北捷運能比。如果是早年沒捷運時的臺北公共汽車的擁擠程度，則本文中所說的「妻離子散、身首異處」，差可比擬。

在日文裡，「満」可是服務業喜聞樂見的字眼。飯店裡住滿了住客，再無空房，稱「満室」；餐廳坐滿了食客，座無虛席，稱「満席」。「満員電車」指的自然就是電車爆滿，車廂再無容人之處。但這對誰而言，都非甚麼喜聞樂見的好事。

日本的電車爆滿，如果用數據顯示，大致如下：我過去常利用的「小田急線」，乘客率達到一八八％，用「無立錐之地」恰可形容，但這還沒排進前十名。第一名的「總武線」，乘客率二〇三％，幾乎就是五人座車卻擠了十人，真正的「慘絕人寰」。

我何其有幸，這兩條線我都常用，說我自「地獄」歸來，也絕非誇飾。

堅持在不為人知處

在日本幹了幾年系統顧問之後，有些厭倦了。這是個以人為商品的職業，賣的是一個個活人。是人，自然就有七情六慾，管理起來談何容易？所以，如果在顧問正職之外，做一點其他投資，或可為日後閒雲野鶴人生鋪路。

這點念頭，和日本老友關先生分享之後，哪知竟一拍即合。

「我老婆在仕女成衣網購公司上班，她們公司做得不錯。你要真有意思，不妨找我老婆，我們一起試試，成立一家公司。你就幫著接洽中國的成衣廠，實際日本公司營運等事情，就不用操心。」關先生高興地說。

說實在，女性服飾，我一竅不通。但關先生說得口沫橫飛，「網購做得好的，年營業額幾億日幣」、「風險不大，投資不多」，我也確實僅需投資十萬多臺幣，被慫恿得動了心。就這樣，我在日本，從自由身分的顧問，變身成了公司股東。我有一家成衣進口販賣的公司之外，仍維持著「系統顧問」的正職。

只是，一旦我陸續聽了幾個業界朋友的意見之後，老實說，我開始心驚肉跳。

一個印度籍的朋友這麼說：「我以為我們印度人工便宜，銷到日本必然有利可圖，怎知，我們銷到歐美，九十％以上都能接受的品質，銷到日本全不是那回事，近乎六十％退貨！」

另一個在大陸開設成衣廠的臺商朋友也說：「銷日本？別做夢了！為了日本人要求的品質，我們還得多請人專門控制品管，這成本我們負擔不起。」

一個印度商、一個臺商，全都有著對日出口鎩羽而歸的慘痛經驗。他們如今做得風生水起，有沒有日本市場根本無所謂。甚至沒了日本市場，還樂得輕鬆愉快。

看來在日本市場立足，不是那麼容易的事情。兩個成衣商的負面教材，讓我幾乎有了打退堂鼓的想法。

「落ち込むなよ（別消沉呀）！」關先生打氣道：「給你一個深圳廠家的聯絡電話。這廠家和我老婆合作很久了，可以應付日本市場需求。你只要負責說服他們，讓他們願意少量生產出貨給我們，讓我們有東西可賣，一切搞定！」

對我們而言，如果能應付我們這種剛開業公司的「少量訂單」，又能適應日本的品質要求，這是再好不過了。但世上果有這麼好的事情？

我與這家深圳廠商的負責人S先生連絡上，先以投石問路的方式，問問他們接我們訂單的可能性。

「您打算訂多少？」S先生問。

「不好意思，每種最多十五件。」我回答。

說實在，這確實是個難以啟齒的訂單件數，經過一番班荊道故後，S先生爽快承諾接下我們這筆不敷成本的訂單。我們把日本員工設計的式樣給了S先生。S先生動工之後，我特地飛了一趟深圳，親自了解S先生是如何通過日本市場的層層考驗。

「老實說，剛開始，我也被日本客戶的種種要求，弄得幾度想放棄。我常和他們說：你們的要求，技術上就是做不到！」S先生道。

這是本常念的經，我一點都不奇怪。

「你後來依舊接下日本的訂單了？」我好奇地問。

「恩。後來想想，這也算是自我提升的一種挑戰。日本市場這關過了，還有甚麼可怕的呢？」

S先生後來不再說NO，專注琢磨突破方法；把所有來自日本客戶的指摘，都視為挑戰。就這樣，他總算站穩了腳跟，成了日本可以信賴的供應商。

「日本人的堅持，往往都是一些你看不到的地方，」S先生邊說，邊拿出一塊布做示範：「這塊布，你看到了嗎？上下各自有縫線。上面一吋七針，下面一吋十二針。」S先生說。

「恩，看到了。」

「這就是日本市場折騰人的地方了。一般來說，一英吋的縫線，縫個七到八針，普通消費者就足夠滿意了，但日本的客戶偏偏就是要做到十一針以上。」

說實在，我看不太出來七針與十二針，兩者在外觀上的區別。我特別用相機拍了下來，打算回去好好研究一下。

「縫線的間隔，不就是機器調整一下，便能達到了？」我用著近似門外漢的口吻問道。

S先生笑著：「這你就不知道了。機器儘管能調間隔，但七針縫得快，十二針縫得慢。工人抓著布通過針頭，手勁也要拿捏得好。為了這區區十多針，我們的速度要慢下近一倍。」

這就超出我的專業範圍了。但起碼有一點我是知道的：十二針必然比七針要牢固，縫得也好看。只是，差別如此微小，消費者恐怕一生也注意不到這個細節。日本人真的連這種看不到的地方也留意了？

「衣服出貨前要燙過，這是基本流程，」S先生邊說，邊指著一件衣服的裡面。拉鍊內裡，被熨得平平整整：「出貨到日本，就連這部分也要燙。」

我沒話說了。我平日在日本做經營顧問，領教了日本人對文件品質的要求；但我從未在生產的第一線親自體會，如今百聞不如一「件」，一件衣服就透露了日本人的「難搞」。

「衣領的部分，現在的製程都能做得很挺。但挺多久，這就是本事了。日本人要求衣領下水洗多次都不變形。你說，這是不是考驗人？」S先生說著，把一個白色條狀的東西拿出來：「這叫『燙樸』，多了這道工序，衣服領部就不易變形。但這東西也是消費者看不到的。為了日本市場，我一定得做。」

又是一連串的專業內容，聽得我眼花撩亂。所謂隔行如隔山，這個被大多數人視為傳統產業的行業，對我而言，真正是隔了萬重山。

「我們從布料商進貨布料。一百米的布，要說沒半點脫色，那是不可能的。但日本客戶往往連一點肉眼不易察覺的脫色都不接受，只要有點脫色，整段布就不能用。不能用的布，這成本又該算在誰頭上？」

花錢、花工，接日本的單子對誰都是折磨。但是，S先生為何仍要接下這些來自日本的訂單？難道僅僅為了「接受挑戰」這麼簡單的動機嗎？

「日本錢不好賺。你做得這麼辛苦，何必？」我忍不住問。

S先生笑了：「因為人家的規矩很明白。照著規矩來，認真做，自然就能賺到錢呀。」

是呀！我之著眼於日本市場，不也是如此？老老實實幹，做出讓消費者肯定的產品，在這個國度還是能受到回饋的。

S先生熟知日本市場的品質要求，且都是在這些消費者無法察覺的細微處。他的知識遠在我之上了。我突然想起我腳上那雙臺灣A公司的鞋，一個裝飾用的鐵片，掉了再修，修完了再掉，臺灣廠家看來給鞋子釘個鐵片都遇到技術瓶頸了。至於臺灣久負盛名的「東京X衣」，更是遲遲不見賣到東京來。臺灣近幾年，經濟急於轉型，生意人集體浮躁，「臺灣人就是要便宜又大碗」，幾乎成了大家口中的鐵則。我們似乎早忘了用「品質」與消費者對話。

我在日本，企盼臺灣爭氣，「南望王師」久矣。

和S先生會面完後，我知道我這個服飾界的「素人」再沒參與的份。僅僅十萬多臺幣的投資，我不用抱著那麼大的得失心，但「蘑菇」的日本員工必然會與S先生慢慢推敲琢磨。他們會再折磨他的，我知道。

老侯如是說

細かい（こまかい）

「細かい」，可別被這個帶著漢字的詞彙誤導了，以為這是拿來形容物件的細小、或身形的纖細。兩者皆非。「細かい」指的是對於事物的挑剔，到了鉅細靡遺的程度。

舉個例子。一家在歐美做得不錯的外資企業進入日本，躊躇滿志地賣起了文具等小商品，但最後仍是被日本客人的「刁鑽」弄得損兵折將，鎩羽而歸。您道如何？

就拿他們商場陳列的小相框而言，一般只要做得外觀精巧耐用，客人沒有不捧場的道理。偏偏遇到日本客人，對於相框背後那些用釘書針固定起來的框架很有意見。在日本一般的做法，非要把這些裸露在外的釘書針一個一個想辦法拿貼紙貼好，隱藏起來，一個相框，能看的就是表面，背後如何，根本無人在乎。但日本不同，非得讓顧客裡裡外外都看得賞心悅目，這個商品才賣得出去。

另外一個汽車業界有名的說法：為了讓車子在日本好銷，德國賓士（Benz）汽車得刻意調整「關車門聲音」，讓日本客戶聽得滿意才行。

可以說，在日本做生意，非得「聲色俱佳」，不能奏功。

成衣的扣子與扣眼，稍微有一點點錯位，就被視為不良品；香蕉的黑斑稍微多一點，就被視為不新鮮，得降價求售；租客入住房屋，必須一塵不染；點心的包裝，需個個美觀整齊……日式的「細かい」無所不在，您說，日本的市場可是外資輕輕鬆鬆能打開的？

日本客戶的「細かい」（刁鑽），有時不一定是道理能解釋得通。這要是以數據化表現，會是如何？根據日本「旭通廣告」（アサツーディ　ケイ）一項十年前做過的調查顯示：在十個主要地區做了「FCB方格」分析之後，日本消費者意識比起歐美等地消費者而言，確實偏向「感情思考」，偏向排名高居第二。

看官知道排名第一是哪裡嗎？正是臺灣，呵呵！

我想，這個分析結果解釋了日本客人在品質與包裝上的不肯妥協，也解釋了近年來臺灣客人的頤指氣使讓服務業哀鴻遍野的現象。

日本生活の目擊

日本人的平日修為

接起電話時，我們說「喂」，日本人說「摩西摩西」，這不是憑空冒出來的招呼語，各自都有源頭。

早年電話不普及，裝得起電話的，非大官富人不行。拿起電話後，首先應對的，不是你真正想找的對方，而是接線生。您想，大官人面對接線生，需要甚麼尊重的口吻？喊一聲「喂」，確定對方有反應，再把自己要找的人交代出去就行了。一聲「喂」不夠，那就再喊一聲，成了「喂喂」。

現在，「喂」的語氣比早年和緩很多，早已經聽不出來使喚人的口吻了。但說起源頭，這確實是個「上對下」的語氣。

日文的「摩西摩西（もしもし）」呢？原來日本之有電話，歷史也和中國差不多，同樣也是有錢人的玩意，同樣也是透過接線生。當初，日本人接電話，一開始喊的也是「喔咿喔咿（おいおい）」，懂日文的人大概都知道這不是甚麼好口吻。到了後來，漸漸進化成「申す、申す（摩斯摩斯）」，意思是「有話要說」，「有話傳達」，口氣和緩多了，如今的「摩西摩西」就是來自這個「摩斯摩斯」。

也就是說，不論中日，我們接電話的招呼語，都有過這麼一個「上對下」到「相對等」的進化過程。

但是，中文的「喂」接近脫口而出，趨近本能；日文的「申す」倒真是個正經八百的詞彙。我再舉個例子。看官們一不小心，被水燙到了，喊的大概不脫「啊、哇、喔、幹」這幾種，全都是條件反射，不成詞彙；日本人就有趣了，無一例外，全喊「阿茲（アツ）」，就是「熱」、「燙」的意思，這可是地道的辭彙。再怎麼需要本能反應、條件反射的當下，日本人喊的還是正經八百的辭彙。所以，日本人「泰山崩於前，而色不變」的功夫，都是平日養成的，連燙到了都能一絲不亂地「出口成章」呢！

關於英文的都市傳說

「都市傳說」是日本民俗學者在一九八八年對於「Urban Legend」一詞的翻譯，算是比較新的詞彙。

根據日本《大辭林》的解釋，「都市傳說」指口耳相傳，來路不明的街譚巷議。來源多半是親友，或親友的親友，總之不超過方圓十米（因為十米以外就聽不見了），內容多半無法證實、造假成分很高。這一點很重要，舉個例子：「聽說太陽會從東方升起」，說話的人儘管用了「聽說」，但太陽自東方升起是不變的自然規律，這就稱不上是「傳說」。

我剛來日本時，就聽過一個「都市傳說」：只要對日本女孩子說英文，多半能贏得女孩子崇拜，交往異性無往不利……，云云。對我說這話的，是另一個臺灣留學生，說話內容無法證實，完全符合辭典上「都市傳說」的定義。由於我一直沒針對這個說法身體力行過（從沒有滿口英文去交女友），就連那言之鑿鑿的臺灣留學生也沒親身證實過，所以始終不知道這傳說的真實性。

日本人是否真的就對滿口英文的人有著天生的崇拜？

我初來日本時，有一次，一個日本同學在我面前唸英文，唸出來是這個味道：「迪斯一斯阿不可。愛安姆節判妮絲（This is a book. I am Japanese）」。剛開始，我真以為是日本同學要逗我笑，到後來我才理解：日本人無法單獨發出「T」、「S」這樣的子音，「ER」、「L」這類的捲舌音也同樣有困難，我從此面對日本人的英文發音，只有忍著不笑，哀矜勿喜，現在則是根本見怪不怪了。

和我們同世代的日本人，自小學英文，方式和我們差不多，都是先學背單字，然後教句子、文法，會話是最不受重視的。但比起我們要糟糕的是：日本學生偶爾上臺說英文，還得用「日式英語發音」。有人敢標新立異，力圖發音標準，反而被同儕視為「裝腔作勢」，受到排擠。所謂「棒打出頭鳥」，在日本，你敢與大家不同，大家就給你好看，這是很現實的事情。

這心態影響了日本人的英語發音，使得日本人儘管從學校畢業進了職場，講標準英語，還是有些靦腆；但是老外「遠來是客」，講英文不必理會日本那一套，說時力求發音正確，理所當然。所以，經常見到日本人以崇拜的眼神聽著老外的英語發音，這崇拜的眼神有時也惠及我們這種非英語系國家的人，讓我們雨露均霑。所謂的「日本人崇拜會英文的人」，就是這麼回事：他們自己說不來、或不敢說，羨慕我們能說，或敢說。

根據我自己的親身體驗：想要贏得日本人羨慕的眼神，一、兩個捲舌音絕對要練好，「L」、「R」的發音不可以含糊，這就足以讓日本小女生秋波頻送、日本男人英雄氣短。

接下來，就說一個發生於日本戰後不久、關於英語的社會案件：「All mistake」事件。

一九五〇年九月二十四日，東京都品川區一個上班族的家裡，來了幾個警察，把住在這裡的一對年輕男女帶走。這一對男女是情侶，男的名叫山際啟之，女的名為藤本佐文。警方帶走他們的理由，是因為他們涉及兩天前的一起強盜事件。

這本來是當時日本戰後混亂期，極為「普通」的社會案件。何以普通？比較起四年前姦殺十名婦女的「小平義雄事件」，比較起二年前毒殺銀行職員十二人，奪取現金的「平澤貞通事件（帝銀事件）」，這件沒有死者、且案發兩天就快速破案的刑事案，實在稱不上是甚麼大案子，但卻因為嫌犯山際啟之在面臨警察逮捕時，對女友脫口說出的一句話，一躍成為全國知名人物。

山際啟之說了甚麼話？

當年的日本，在美軍主導的聯合國部隊占領下，有著特殊的時代背景。幾年前，因為珍珠港事變，日本和美、英大打出手，英美兩國在日語中成了「鬼畜米英」，就連「英語」也因此變成了尷尬的語言。

社會上主動掀起「敵性語追放（驅逐敵人語言）」運動，把平日用語中的外來語成分，用「正統日語」取代。有點日語知識的看官們應該都清楚：現代日語組成中，外來語是一個相當重要的成分，幾乎到了「沒有外來語，就說不出話來」的程度。但在戰爭期間，舉國同仇敵愾的氣氛下，誰敢不表態？於是，「敵性語追放」運動，在各領域中展開。舉幾個例子：「咖哩飯」不能說了，得說「辣味燴飯（日語：辛味入汁掛飯）」。「蘇打水」不能說了，得說「噴出水」。2B鉛筆稱「2軟鉛筆」，2H鉛筆稱「2硬鉛筆」，HB鉛筆更絕，叫做「中庸鉛筆」！

英語教學的地位，不消說，自然受到影響，學校裡，英語不再是必修，淪為選修。同樣在日本統治下的臺灣，也受到波及，據統計，臺灣在日本統治下的五十年，有英美留學學歷的，不過六十人左右。

戰爭打了幾年下來，日本敗相漸濃，「鬼畜米英」的登陸不再是杞憂，而是漸趨現實。對此，日本軍方幾乎以綁架全民的方式，決意焦土抗戰，誓言與美軍戰到最後一兵一卒。為了爭取民眾支持，軍方亟力宣傳美軍登陸後的慘狀：「男要抓去關、女要抓去姦」，把民眾的恐懼心理煽動到無以復加的程度後，一九四五年八月十五日，日本天皇下詔投降。

突然的戰敗消息，對當時日本人的心理衝擊之大，可從以下數字看出來。根據日本歷史學者秦郁彥的統計，「內外地（『外地』指日本本土以外的殖民地）共計五百三十八人自殺」。戰敗的事實讓日本國民難以接受，可見一斑。

日本戰敗後，面對的不僅僅是國家統治機器的崩壞，還包含價值體系的解體。昨日才宣傳「鬼畜米英」，不共戴天；今日起就要仰人鼻息，處處陪小心，到了前倨後恭的地步：當局為了伺候即將登陸的美軍，在各地設了「慰安所」，全國公娼加起來幾萬從業婦女，全都嚴陣以待，招待美國少爺兵；良家婦女被部分美軍敗類侵犯了，媒體也不敢如實報導，只能意有所指地說犯人是「大個子男」、「六尺壯漢」；女人賣身的理由往往只為了從美國大兵賺取一些日用品、食品，甚至只是一盒巧克力，男人則是面對百業凋敝，沒居所、沒食物、沒工作，日本人的自尊心跌到谷底，對於美國的態度，從戰前的一個極端，變成戰後的另一個極端。

英文看板開始充斥街頭，英語翻譯跟著鹹魚翻身，收音機則出現了久違的英語教學節目。反美的日本，變成了崇美的日本，同時，也造就了山際啟之這樣的少年。

山際啟之的父親本來是個工廠老闆，戰火中，自家經營的工廠被燒光，一家變得一貧如洗。山際啟之過了好幾年遊手好閒的日子，隨著日本戰敗，他開始崇拜美國，並且跟著人家有一搭沒一搭地學起英文。一九四九年二月，山際啟之在日本大學校本部（在東京千代田區）擔任雇員，不久後，因為取得了駕駛執照，又成了日本大學的司機。據他的同事形容，山際啟之平日不論有事沒事，說話總愛夾雜點英文，手腕上還繡上刺青「George」，在在顯示對美國文化的嚮往。

山際啟之在擔任司機的這段期間，認識了藤本佐文，山際啟之自稱是「美籍日裔第二代」，靠著一點點裝模作樣的英文，再加上猛烈追求，藤本佐文開始和山際啟之交往。藤本佐文的父親是大學教授，身為教授千金，藤本佐文與山際啟之的交往，受到父親的強烈反對。正值反叛期的藤本佐文決定與山際啟之遠走高飛。

遠走高飛需要錢，山際啟之於是把腦筋動到自己工作的地方：日本大學。原來，山際啟之擔任的司機工作，到了領薪日，有時需要載學校出納去銀行提領職員薪水。山際啟之熟悉車子的路線，計畫在自己不當班的領薪日那天，下手行搶。

九月二十二日，日本大學兩名會計，到銀行把一百名校職員的薪水共計一百九十萬日幣提領出來後，坐著學校司機佐藤開的車子，要返回學校。途中，佐藤見到一個熟悉的身影在對著車窗招手，一邊招手一邊喊著「stop」。定睛一看，正是自己的同事，山際啟之。佐藤以為山際想搭順風車回校，沒多想，開車門讓他坐上駕駛座旁，沒想到山際一坐上車，立刻亮出刀子，把三人逼下車，車子連同現鈔一併開走。

由於犯人身分明確，日本警方第二天就公布了山際啟之的照片，發布通緝。山際啟之逃亡後，和女友藤本佐文假裝夫妻，一如往常自稱「美籍日裔第二代」，向東京品川區的上班族一家租了一間房間，兩人就這樣過起同居的日子。但因為山際背包裡的現鈔不時自開口處露出，太過顯眼，引起房東疑心，聯想到最近的銀行強盜案件，房東決定通報警方。

九月二十四日下午四時，警方趕到，逮捕了這一對情侶。逮捕當時，兩人已經買了一張雙人床、洋服、波士頓包等，短短兩天花了卅萬。而當時的大學畢業生的月薪不過才三千。

據媒體形容，山際被逮當下，對著女友，語焉不詳地迸出一句「All

mistake」，一邊還學老外兩手一攤、雙肩一聳，貌似無所謂。但除了這句話，他再也說不出任何英語，當下急得哭了出來。山際後來到了警局，依舊堅稱自己是「美籍日裔」，態度桀驁不遜，英語則始終講不出個完整句子來。

這句「All mistake」，吸引了媒體讀者的興趣，尤其是日本年輕人，更把山際的特立獨行視為英雄行為，這個事件從此以後又稱「All mistake」事件。

現在再來看這個山際啟之，依我看，不過就是個「哈美」的普通毛頭小子。真要論起他的英語水平，可能與我們的「惠慈 Oh My God」差不多。如果放在今日的時空背景，山際啟之是沒有一點點「爆紅」的可能。但是看社會事件不能和社會背景切割開來看，山際啟之所處的，是日本價值體系崩解的特殊年代，他所做的，正是前人不曾想也不曾做的事情，時代造就了他這個怪胎，但時代也只可能給一個人一次機會。此後的日本，邁向崇美的路，一去不復返，出現幾個山際啟之，都不足為奇了。

關於「便所食」的都市傳說

英文裡，「mate」（夥伴），可以用來和其他詞組合，成為另一個詞彙。如「roommate」，就是「室友」；「classmate」，就是「同班同學」。簡言之，甚麼事情只要在一起做，這群人就可稱為「mate」。

平日午飯時，固定和幾個同事一起去吃，這些同事是否也可以稱做甚麼「mate」？據說，「mate」一詞的來源，還真是「共同去吃飯的一群人」，所以，稱這些「飯搭子」為「mate」，也算是恰如其分。

日本公司不像臺灣公司，中飯時喜歡外叫便當。一般都是和要好的同事三兩成群出去吃飯，算是常態。哪怕是自己帶了便當，也是會和要好同事一起在休息室、食堂進食，天氣好時，甚至到附近野餐。日文把這種中飯一起吃的人們，叫做「郎起妹特（ランチメイト，lunch-mate）」。

「郎起妹特」，不消說，是人際關係默契下的產物。這種事情，女孩子比男孩子更敏感。新來的女職員，要是遲遲沒人主動邀去吃中飯，最終難免落得形單影隻。

而且，不論臺灣或日本，美女們似乎都懂得「群聚效應」，長得漂亮的OL，大多也都是和自己姿色相當的人在一起，連吃飯也是如此。我在日本公司，幾次想在中飯時深入敵營，一探美女OL平日都怎麼說我，但始終不得要領。後來同事勸我：「公司女同事沒人提過侯桑」，我就稍稍寬心些。

最近十年，日本有個新詞彙：「郎起妹特症候群」。這是個甚麼病症呢？原來，一到了中飯時間，沒人邀，自己又不好主動找「飯搭子」，但孤零零一人吃飯的模樣，讓人看到了，又是「我見猶憐」，久而久之，一到了吃中飯時間就怕，寧可一個人躲在無人目擊的地方吃便當。據說，患這種症頭的，還是女孩子多過男孩子。看來女孩子比男孩子更在乎自己在別人眼中呈現的形象。

「郎起妹特症候群」是伴隨著團體生活而來，原則上不必等到踏入社會，自大學時代就可能發病。這又產生了一個「都市傳說」：有大學生言之鑿鑿，聲稱看到同學躲在廁所裡吃便當。為此，網民們創造了一個新詞彙：「便所食」，指的就是這種「一到了中午便『離群索居』，甚至不惜躲到廁所裡進食」的傳奇現象。這本來是個撲朔迷離、真假未知的傳說，但有的年輕學生愛促狹，還真的煞有介事地在廁所張貼告示：「此處嚴禁便所食」，把個都市傳說弄得有鼻子有眼睛，讓人不得不信。

那麼，實情到底如何？據說，日本《朝日新聞》做過調查，調查結果顯示：百分之二點四的大學生，承認有在廁所進食的經驗。至此，「都市傳說」不再是「都市傳說」，而是越來越具體，連統計數據都具備了。

話說，這種現象，怎麼會在日本傳得沸沸揚揚，且信者恆信？原因之一，自然就是日本人的團體意識。有個笑話說：一個上班族出門前，要自己老婆探出頭去看街上其他上班族穿啥，自己再決定穿啥。這雖戲謔，但與實情相距不遠，搞得我們這些老外也因此感染，比照辦理。大家都穿黑色西裝，我就不敢穿褐色西裝。我以前幾個歐洲同事，在臺北時甚麼顏色的襯衫都敢穿；一到了東京，就只穿白色或水藍色。淮橘為枳乃爾。由此可知，日本人的團體意識，有很強的感染力與約束力，讓個體戒慎恐懼，唯恐與群體不同。這種中飯時的「離群索居」，太過特立獨行，自然要在不顯眼處偷偷進行。

另一個要因，就是廁所了。日本的廁所是真的乾淨，而且公司內的公共廁所，一般都附帶「洗屁屁器」。日本人又不像我們的如廁習慣，會把用過後五顏六色的衛生紙扔在垃圾桶，所以廁所基本上是窗明几淨，一塵不染。在廁所內用餐，雖屬滑稽怪誕，但技術上並非不可能。

關於日本廁所，我還想多講幾句。初學外語的人，基於生存需要，先得學會「吃」時該說啥，再要學「拉」時該說啥。日文裡，前者就是「ご飯」或「食事」；後者就是「御手洗」或「トイレ（Toilet，廁所）」。其實，「御手洗」本意並非廁所。看過日本人上神社的都知道：膜拜前，先到一個水池邊，捧起木杓，左右手都澆淋洗過，再去膜拜。這洗手的地方當初就叫做「御手洗」。足見「御手洗」本是個神聖的所在。廁所這種地方，當眾直接說出，總覺得不雅，所以就以「御手洗」來替代，不說去「便所」，就說去「洗手」。臺灣人習慣把廁所說成「洗手間」，大概就是這麼回事。

此外，「御手洗」還是個「姓」。這姓的來源，當然是「御手洗」先生或女士的祖先，老家和這神社的「御手洗」住得近、或者有甚麼其他關係，但和廁所無關。可千萬別誤會，認為「御手洗」先生或女士祖先是住在廁所裡，或者職業是在廁所賣衛生紙，這都不對。

話說，我們中文對於上廁所這事，也有一些委婉的說法。知道我的看官，皆知我平日文雅，小便不講小便，就講「出恭」，或講「解手」。一般我都這麼說：「敢問貴公司出恭所在？」但講了半天，沒人聽得懂，幾次下來，只好仍說「小便」。畢竟有尿不排，是死活問題，不文雅也就算了。

話休絮繁，再回到那個都市傳說上。「便所食」，日本有，臺灣沒有，只因臺灣的廁所環境，從根本上杜絕了「便所食」這種社交障礙病。看官周遭要是有日本朋友患有此症頭，不妨邀他到臺灣做一趟療癒之旅，兼做國民外交。若臺灣的廁所，還能讓日本客人的「便所食」吃得下肚，那就錯不在我們，而是日本客人委實地病入膏肓。

癡漢癡漢滿天下

剛接觸日文時，看到「癡漢」兩字，還有些浪漫情懷，以為是中文「癡情漢」的同義詞。後來才知道，這是把「變態」美化的稱呼。

日本癡漢多，各行各業都有。日本AV女優已經遍及各行各業，就差沒出現過公務員。日本癡漢則呈平均分布，公務員都不遑多讓，連警察也幹癡漢。

幾個月前，日本IBM公司的「前社長」，因為在車站拿著手機偷拍女孩子裙內風光，被警察逮捕；幾天前，日本NHK的男主播做電車癡漢，被警察逮捕；十六日，神奈川警察在電車偷拍女孩裙底，被警察逮捕。一個主播，一個前社長，再加上一個警察，都是在人前一本正經的人物，「今若是」。你說，下次來個日本前首相幹癡漢被捕，還有甚麼值得驚奇？

以往日本人幹癡漢被逮捕時，十有八九都會在偵訊時自稱「壓力大，所以當了癡漢」。但就拿這個IBM「前社長」來講，六十二歲、東京工業大學畢業、社會上的「菁英」，人生美好的仗早就打完，風光退休了，他能有甚麼「壓力」？所以他在偵訊時，就老實承認「以前就想幹這個了」。

有幾個事實可以說明日本癡漢人數之多。神奈川縣警察設有「電車內癡漢行為相談所」；大阪則有整日的女性專用車廂，專門隔絕癡漢。統計數據又如何呢？以東京來講，根據日本警察的前年統計數據，共二千多件，不多；但和人們的「實感」相差太遠。就拿我以前認識的一位女性朋友的例子來講，她開始做OL後，成天在「小田急線」（關東一帶出了名的擁擠電車線）遇到癡漢。第一次遇到時，她還會呼救，但沒人搭理。久而久之，只要癡漢「不太過分」，就「任由他去」。這種例子是不會反映到立案數字上，但這也助長了癡漢的囂張氣燄。

我認識的日本女孩子當中，沒遇過癡漢者，幾希矣。日本女性有六千萬，若每一個都有癡漢體驗，要不就是同等數量男性同胞每個人都幹過一票，要不就是部分不肖日本色狼忙得不可開交。總之，這是很可怕的事情，不能單獨看待，連「前社長」都幹這個，這背後必定有點甚麼社會或心理層次的問題。

有看官說：「老侯，你裝腔作勢些啥？甚麼社會或心理層次的問題，你怎麼不說？」老實說，我不知道。我要是知道，不就意味著我放著上班族不做，成天研究癡漢問題？所以還是那句老話：我把方圓十米內自己的聽聞，和各位報告一下。我猜測，日本人愛做癡漢，和日本男人對異性的「不知所措」有點關係。約會不知怎麼約、情話不知怎麼說、結了婚又不知怎麼對待老婆，久而久之，對於異性就退化成動物本能，不談情，只發情。

我方圓十米內的日本男性友人，對於異性「不知所措」的，不在少數。因為「不知所措」，所以覺得戀愛麻煩；因為談戀愛麻煩，索性單身。最近流行語「草食系男子」，有一部分就是指這一類型。這種人有多少？調查顯示，百分之七十五是自認為的「草食系男子」。

「草食系男子」一多，還發生甚麼問題？日本上班族的聯誼活動中，女多於男的情形就容易發生。

話說當年我奉派到日本時，辦公室有個同事，報名參加了一場「未婚聯誼」，卻臨時怯場，已交的五千日幣聯誼費又不能拿回來，於是要我來「頂替」。我基於「義氣」，更多的是因為好奇，所以五千日圓給他，自己欣然接受任務。

那天我到了聯誼會場，只見會場來了六個日本小姐，但連我在內，卻只有四個男士。我心中盤算：六對四，這下可好，我躺著也能抱回一個如花美眷。

會場主持人把每人編好號碼，先安排女方坐下，再抽籤安排男方座位，男女面對面坐定。規則是這樣：與每個女孩子聊六分鐘，時間一到，男方起身再換到下一桌。統統聊完之後，再把意中人的編號寫下，交給主持人，由主持人配對。

那天合該我桃花滿開，第一桌次就被安排在六個女孩當中最可愛的那位對面，一號女孩。我心中先想好臺詞，主持人一喊開始，我就立刻自我介紹。

「您好，初次見面，」我深深一鞠躬。女孩子也忙不迭地一鞠躬：「您好，初次見面。」

「我是臺灣來的。」我緊接著說。

「你是……臺灣來的？」女孩子一臉地驚訝：「完全看不出來！」

女孩子長髮、鵝蛋臉，驚訝時瞪著大眼睛的表情，特別楚楚動人。我知道這是我們祖先顯靈，要為我們侯家注入新血的時刻了。

「噓～，小聲點。我是因為同事不能來，我代打，會場接待處還冒名填著他的名字、『中村』呢。別讓會場主持人知道了！」

「呵呵，知道了。」女孩子也俏皮地放低聲音，說：「我去過臺灣，上個月才去的。夜市的小吃好棒，我很喜歡。」似乎「臺灣」兩字很能引起她的興趣。

「恩，我也去過妳們日本，至今還『常去』，天天去。」

女孩看我說話傻，更是笑得樂不可支。於是六分鐘內，兩人話說個沒完。我想，就這麼決定了，是她。其他的五個女孩也甭看了。以後的日子，和眼前這位女孩，花前月下、花好月圓，最後花月良宵，不在話下。

我們（我猜她也是）依依不捨地聊完了六分鐘，接下來再換下一桌。但我早已經心不在焉，和其他五位小姐們，有一搭沒一搭地草草結束。等到大家都聊完一輪，主持人就要我們在紙上寫下意中人選。我無一絲猶豫，寫下「一號」。

這故事結果毫無高潮，因為那女孩也選了我。主持人宣布結果，我倆成了那天唯一配成的一對。

「恭喜兩位」主持人面帶笑容地說：「接下來，就請男士們先退場。」

「退場？」我幾乎以為是聽錯了。女孩姓甚麼叫甚麼、聯絡方式，我一概沒問，就這樣退場，這撿來的姻緣豈不是飛了？

不對，日本人不會這樣整人！可能讓我們先回去，日後再通知我們。我一邊思索著，一邊就這麼回去。

第二天，同事中村滿臉堆著笑，問我戰果。

「我配對成功了。還是個美女。」我答道。

中村驚喜地說：「真的？太好了，真有你的！你知道這機率有多低？我一共去過四次了，沒一次配成。整場有時連一對都配不成！」

我垂頭喪氣地說：「配成了有甚麼用！剛配好，就要我們男方先退場，我就這麼回家了，連女孩子名字的沒問到。」

「你有沒有搞錯？」中村大驚失色：「退場，是要男方先到會場外面等女孩子出來，哪個要你退回家了！」

我聞言猶如晴天霹靂，任由中村的拳頭如雨點般地捶打在我身上，我已完全不知痛苦，因為內心的痛苦遠大於肉體。

走筆至此，我突然想呼籲一下臺灣未婚男士：如果找不到對象，別老盯著東南亞或大陸小姐。日本小姐不介意國籍的人很多，而且男女分布平均，不在乎我們多帶幾個走。所以大家真的不妨試試，讓外籍新娘多樣化一點。

有看官說：「老侯，你不是要談癡漢嘛？怎麼談起做月老了？那日本 IBM 前社長做癡漢的事件，與你談的這些有啥關係？」

癡漢還是要談的，但能談的不多，畢竟我沒做過，所以兩三下就談完了。IBM 前社長的事件，確實不能和這甚麼「草食系男子」扯上關係、更和我這「聯誼」扯不上關係。人家既富且貴，要女人，豈不就像探囊取物一般，哪裡會是甚麼「草食系」、哪須要甚麼「聯誼」，根本就是「肉食系」。但是富貴如他，放著正道不走，偏偏要做癡漢，這正應證了所謂「富貴不能淫」，因為「不能」了，所以只能幹癡漢。

這就是我的解釋了。

六十萬分之一的女孩

在東京辦公室，突然接到前女友的電話。

那時，我正在辦公室收拾東西，準備回家。老實說，嚇了一跳。已經多年沒連絡了。換了新的行動電話後，繪里的號碼也沒再留下來。所以，她的電話打來時，我望著似曾相識的號碼，一時間困惑了一下。

接起電話，幾乎就在話機傳來第一聲的同時，我聽出是誰了。

「もしもし、ナル（喂，是Naru嗎）？」

聽著熟悉的聲音，我一怔，思索著該接甚麼話。

半晌，我回過神，對著電話道：「はい。もしかして、絵里（是的。難道……你是繪里）？」語氣遲疑，但心已篤定。

繪里說：「我是繪里。Naru還好嗎？」

電話中短短的幾句，一下子勾起了幾年前和這個女友的總總。

話得從我初次到日本工作時說起。

周遭日本同事慫恿下，我抱著姑且一試兼好玩的心理，把自己的資料放到日本的社交網站。

兩週後，繪里出現了。

繪里發來的第一封信是這樣寫的：「對您的資料感到興趣。如果可能的話，希望能再多了解您。」

內容中，沒有年輕女孩愛用的符號文字，寫得四平八穩，短短幾行，已經透露出誠意。

看看她的資料。二十六歲，身高一七〇。首頁照片是一張漂亮臉孔。打開詳細內容看，我驚呆了。長腿長髮，靠著欄杆的站姿照片。女孩穿著短裙，眼睛很大，身材彷彿模特兒。

「美女呀……」從來不自言自語的我，也忍不住發出低吟的讚嘆。

這樣的女孩，會找不到男友？會需要在網上物色對象？收到繪里的「交友請求」，我固然有「一心以為鴻鵠之將至」的雀躍，但更多的，還是疑惑。

我強忍住喜悅，龜息吐納了一天後，回信給她：

「謝謝來信。承蒙青睞，感激不盡。我附上常用的 email 信箱如下 xxxx。」

就這樣，兩人開始頻繁地信件往返，我也不再有「男孩子的矜持」（本來也就沒有過）。有信必回，沒信也回，龜息吐納也省了。為了怕日文寫得不道地，我每寫一句，就上網查查有沒有現成用例，深怕自己寫的東西讓日本人笑話。至於那些疑惑：這麼好條件的女孩子，犯得著到網上找對象？又為何找上我？就先姑且視做天上掉下來的大禮，「存而不論」。

在日本，工作時間不上網、不收私人信件，是一個常識。而日本人又是個極度嚴謹的民族，一切按部就班，循序漸進。通了幾十封email，只要沒進入下一階段，仍不知對方電話號碼或其他聯絡方式的，毫不稀奇。所以，我們直到見面前，email是我們唯一的聯絡方式。

我變得喜歡早早回家，收信，寫信。再收信、再回信。熱度逐漸升級，寫信成了甜蜜的日課。

隨著她陸續發來的照片，我可以確定：她資料無誤，照片即是本人。但對於自己的工作，她則是諱莫如深，只說「到時會告訴我」。

面還沒見，留點神祕感不算太過。但把自己的職業視為保持神祕的範圍，可說是「嶄新」（最近日本流行語）。

她的文學造詣極佳，漢詩也懂。知道她也和我同樣住在神奈川縣，我心血來潮抄錄下《卜算子》的一小段給她：

「我住長江頭，君住長江尾。日日思君不見君，共飲長江水。」

不久，她回信來了，內容正是這闋《卜算子》的下半段：

「此の水　幾れの時か　休み？

此の恨　何れの時か　已まん？

只だ　願はくは　君が心　我が心に　似て、

定めて　相思の意に　負かざらんことを」

（此水幾時休？此恨何時已？只願君心似我心，定不負相思意）

她接著寫道：「我在大學時，選修的正是漢文。剛好讀過這篇《卜算子》。看到你發過來的這段，心想：真是巧！就把下半段發給你了。」

感謝老祖宗們留下的文化遺產，讓我如今能和這個日本女孩多了一個共通話題。

我告訴她我的工作、背景。我老實承認：由於自己是個外國人，儘管考慮在日本長期生活工作，但若職務調動，離開日本也不無可能。

「任誰和我在一起，都要有心理準備。她可能得隨著我東奔西走。」在信中，我這麼跟她說。

她回覆我：「我早就嚮往在海外的生活。能和喜歡的人一起出國，是我的夢想。」

「誰會和我在一起」，我沒說破；「喜歡的人是誰」，她也不說穿。仍在通信階段，但是兩人想的事情，已經是數年後之遠了。連她也承認：「メールでこんなに気持ちが高まると思わなかった（寫寫email，也能寫得這麼難分難捨，真是始料未及）！」可以說，我們光是通email，就已經發展出近似情侶般的情愫。

就在電子郵件往返了一個多月，「見面」逐漸變得順理成章後的一個晚上，我主動提出第二天見面的要求。她爽快地答應了。同時，也告訴了我她的電話號碼。

我依照這個電話號碼，發了第一個簡訊給她：「您好，就要見面了，我們先在電話裡聊幾句吧！」

五分鐘後，她的回覆來了：「いいですよ（好呀）！」

我撥通了電話。電話那端，傳來了女孩子清脆的聲音：「Moshi Moshi……」

「喂，是我。」

「我知道。」

沉默半晌，怯生生的兩人，隨即不約而地笑了出來。

我們聊開了。我單刀直入問她的工作：「都要見面了，這總可以透露了吧？」

她笑著說：「我們明天不就要見面了嗎？到時會告訴你。你先放心：不是甚麼見不得人的事情。」

也行。就差一天，沒甚麼非得要在此時此刻搞清楚一切的理由。約好見面的時間地點後，我們接著閒聊了一個小時，最後，帶著滿足的心情，愉快地掛上電話。

約會當天，我刻意把手邊的工作提早做完，從東京搭「田園都市線」，再轉車趕到橫濱站約會的地點。約定的晚上七點，我準時到，她則稍遲了十分鐘，途中猛打電話道歉。我的準時讓她覺得這麼內疚，我反而因此有些自責了。

沒多久，繪里，這個和我神交一個多月的女孩子出現了。大冬天，她留著直的頭髮，穿著長褲馬靴，看來比照片中還高挑亮麗。照片全無加工，讓我放心不少。她深深鞠了一個躬，為了自己的遲到，嘴上止不住地連說「失禮」。

我笑著說：「快別這樣了！你再道歉下去，我反而覺得不好意思了。」

我們走到附近一家中國料理，坐定，點完菜後，兩人開始了首次面對面的聊天。她主動提起了自己的工作。

「我其實是做模特兒的。老家是在青森縣。在青森時，走在路上被經紀公司的人相中，就到了東京做起模特兒。但是，是雜誌、宣傳廣告的平面模特兒。我的身高還不能站在伸展臺呢，」她有些不好意思地說：「之前沒提我的工作，就怕你知道後，會對我有不當的聯想。要不就是想得太壞，要不就是想得太好。」

我一怔，追問她：「為甚麼？」

「想得太壞，認為做模特兒的，生活一定很糜爛；想得太好，認為我一定是大美女。我兩個都不是。只是個普通人。」她苦笑道。

繪里生活糜爛與否，我還不知道；但眼前的她，確實是個美女，她的美貌是毫無疑問的。

如今她親口說明自己的工作，這一個多月來最大疑惑，就此解開。她端起杯子，啜一口茶，優雅地讓我自慚形穢。她是吃這行飯的，每一個動作都看似訓練有素。這樣的女孩，看得上我嗎？一個只是在東京混生活的外國人、普通上班族？

「網上對象這麼多，你怎麼選上我？」我忍不住問道。

她答道：「恩……第一，你照片比較正規，不像別人，隨便拿著手機、拍個四十五度俯角的照片就上傳上去。這一點看來，你是很認真的人。」

原來，這也是女孩子挑對象的重點之一。

她接著說：「你會講外國話，我很羨慕。我想從你這裡多學點東西。」

這也聽來合理。女孩子崇拜有特殊才華的男人，古有明訓，斑斑可考。

「這兩點就讓你選中我？」我意猶未盡地問道。

「另外，就是你……，」她突然噗嗤地笑了出來：「甚麼叫做『光合作用』呀？」

我聽了，愣了半晌，總算會意，大笑。繪里說的是我在網上的自我介紹：「閒暇時，喜歡在室內進行光合作用」。

正經的相片、會外語，再加一點亦莊亦諧的自我介紹，我打敗了網上諸多更優秀男士。

菜一道一道上來，但吃飯已經不是重點。我們聊得很開心。我愛爵士樂，繪里也愛；繪里愛文學，我也愛；兩人話匣子打開來就說個不停。一餐飯，一直吃到九點半，店家提醒我們即將打烊，我們不得不走。

出了店外，店內相談甚歡，心中餘韻仍在。我看著身邊的繪里，她臉上的表情，似乎也有一些不捨。

「我看你臉上表情，似乎有些不捨……」我想到甚麼說甚麼，說得繪里呆站在原地，應了一聲：「はぁ～（啥）！」臉上好氣又好笑。

「是你不捨吧？」她說。

「我不想與你爭辯這點小事」我故意正色道：「我們到櫻木町吧！那裡的Landmark Tower頂上，有個酒吧，開到很晚。明天反正週六，我們去欣賞夜景吧。」

我們從橫濱地下鐵站，搭到櫻木町，穿過聯絡道，坐電梯直上Landmark Tower 七十樓的酒吧。

服務生領我們到面對橫濱港的窗邊座位。我們面對著港邊Clock21的摩天輪，坐下。點了兩杯飲料之後，兩人看著港邊燈火羅布，開始閒聊。摩天輪閃爍著霓虹燈，把繪里本來就立體感十足的臉龐，照得玲瓏有緻。

「為了你，我上網查了『臺灣男人』，」繪里說：「你知道網上怎麼評論嗎？說臺灣男人是『亞洲的義大利人』，很會談戀愛！」

「ええ？そんなの初耳（咦？第一次聽說）！」這話，未知褒貶，若是褒義，那我就真要感謝篳路藍縷，為臺灣男人在日本建立美名的同胞前輩。

我們有的沒的，談了兩個小時，談到一對對情侶紛紛買單離去，這才準備離開。

我起身，穿好上衣，正要把圍巾圍好，繪里突然像是發現了甚麼。

「等一下，」繪里邊說邊伸出手來，幫我把脖子上的圍巾拉開卸下，順好了毛，再幫我圍上。她輕拍我的圍巾，端詳打量了一番，似乎很滿意自己的巧手，說：「外頭冷，這樣圍才保暖。」

「確實，這樣是暖些。」我回答。其實更想說的是：心裡的感覺更暖。

走到出口電梯門前，不知何時起，兩人牽起了手。

「這算是開始交往了，對吧？」我看著她，問道。水到渠成如斯，我仍希望她一句口頭確認。

她點點頭，有些嬌羞地回覆：「はい（是的）」。

日本計程車資不低，但為了多一點時間與她獨處，我還是叫了一部車，送繪里到橫濱「關內驛」她的住處。車窗外的景色如走馬燈般一幕一幕閃過，兩人一路無話，但我依稀記得她握著我的手，握得很緊。接近她住家附近時，她說在家附近的便利店下車即可。她想買些明天的早餐。

「那，小心點！到家記得發個簡訊給我。」我在車上揮揮手，向她告別。

她微笑地說：「恩，我會的，你也早點睡了！」

車子開走沒多遠，從後車窗看著她的身影走進便利店，我心裡突生一計。我要司機讓我就近下車，付了車資，狂奔到便利店附近，站在門旁邊，偷偷守候她出來。

繪里出來，往隔壁巷子裡走，沒發現我。

我躡手躡腳走到她身後，喊了她的名字：「繪里！」

「啊！嚇一跳，Naru！」她又驚又喜地看著站在身後的我，兩人笑鬧了一陣子。這一段在巷子口的嘻鬧，據繪里事後告訴我，那是她最難忘的一幕。「日本人の男はそんなことしないから（日本男人就是不會這些）。」繪里每每跟我回想起來，總要奚落自己同胞一次。

我正準備轉身離去，繪里突然問：「一緒に部屋でお茶でもしませんか（要不要上來再喝杯茶）？」我沒有進她房間的心理準備。對這突如其來的邀約，我稍稍遲疑了一下，才說：「はい（好的）！」

我們搭電梯上了房間，進了屋內後把外衣褪去，掛在沙發椅背上。日本租屋，一般不許租客張貼懸掛任何飾物，房間四壁蕭然，但桌上、架子上別有洞天。爵士樂手 Miles Davis 的照片擺放在桌上。架子上則是繪里親手繪製的油畫，還有兩三張她的模特兒獨照。

繪里打開落地窗，為陽臺上的小花盆澆完水後，回房，把暖氣打開，泡好茶，為我倒滿一杯後，打開音樂，把一本相冊翻出來。

「若い頃のお父さん。恰好よかったんでしょう（這是我爸爸。年輕時的他，很帥吧）？」繪里邊翻相冊邊說。我看著一張張甜蜜的父女合照，覺得繪里初次見面就向我展示家族照片。她對我們的交往是認真看待的。

我們在房間コタツ（帶暖爐的小方桌）邊上坐著，翻著相本，聽著音樂。偶有消防車經過，而我倆心波不驚。

當晚，我睡在她的房間，手臂枕著她的頭，沉沉地睡去……。

第二天。週六的早上。

我在橫濱，繪里的房間，外頭或者刮著冷冽的寒風，或者出著溫暖的冬陽。不知道，也不重要。眼睛尚未睜開，已經彷彿聞到繪里的髮香，和依稀飄來的、女孩子房間特有的味道。我肯定昨晚的一切，究竟不是夢。我睜開了眼。繪里躺在床上，背影對著我。我伸出手，才一碰到她的頭髮，她即轉過頭，看著我，四目相對，兩人同時笑了：「おはよう（早安）！」

我一隻手臂繞過她的肩膀，另一隻手撫摸著她，兩手把她環抱著。她蜷曲著她的腿，勾著我的腿。兩人無話。此時無聲勝有聲。

半晌，她像是想起甚麼，突然轉身問我：「ねえねえ、気になるんだけど、休みの時光合成するってマジ（恩，我很好奇，你休閒時真的會做光合作用）？」

本來就是一句玩笑話，沒想到她這麼認真看待。我促狹地說：「當然。家裡擺了盆栽，和盆栽一起做！」邊說，邊指著窗簾縫隱隱透出的光源：「這是中醫理論。身上哪裡想長，朝著陽光處作光合作用，就會長了……。」

繪里瞪大了眼睛，好奇地問：「真的？」

「真的。你昨晚沒領教？」我說完，故作神祕貌。只見她臉上表情從驚訝，到嬌羞，再到微笑。最後，她好氣又好笑地說：「你的黃笑話，要人花時間才懂！」

兩人溫存片刻，繪里起身，穿好上衣，用遙控器把暖房電源打開，掀開窗簾打開窗，看著陽臺的小花盆，像個孩子般地說了一句：「アァ~、爽やかな朝だわ（啊，真是神清氣爽的早晨）！」。

窗外的陽光，把繪里的影子照到地板，拖得好長。我也起身走向她。地板的影子疊成兩重。

「早上吃甚麼？你在便利店買的早餐，大概只夠一人吃吧。不如我們到外面吃吧？」我抱著她，問道。

她說好。稍稍補了一點口紅，和我穿戴整齊後，繪里帶我到住家附近的「家庭餐廳」（ファミレス）吃早飯。她一邊吃著早餐，一邊談著自己的身家背景。

「爸爸是外交官，公務員。小的時候，我們曾跟著爸爸到美國住過一段時間。但是年紀太小，我英語全忘了。」

「爸爸死時，我才唸小學五年級。我們一家回到媽媽青森縣的娘家。生活重擔全落在媽媽一個人身上。家裡過得很清苦。一句話：就是『窮』。」

「我小時候，個子就比其他的孩子長得高，身分是『歸國子女』，又沒了爸爸，家裡沒錢，青森方言也說不好，很受歧視。同學老愛叫我『長頸鹿』，我為了這個，小時候總是悶悶不樂。」

「長大後，有個夢想，希望能離開日本，到別的國家過日子。我不喜歡日本、不喜歡日本人。和Naru通信時，偶爾會幻想：Naru懂得外國話，要是認識了Naru，Naru帶著我出國，我會好開心。」

我靜靜地聽著她說。她像個孩子般，尋找一個可依賴的人。看來，她把我視為「那個可依賴的人」。

她繼續說：「日本景氣不好。我大學畢業後，沒做過正社員（正職），都是做派遣員工。直到被經紀公司相中，才做起模特兒。」

「別看模特兒光鮮亮麗，其實是有一頓沒一頓。我做的又是平面模特兒，景氣不好時，賺的錢比派遣員工都低，其實很可憐。」

繪里看來體面的外表下，人生路走得並不順遂。比較起她來，我算是沒吃到甚麼苦頭，家裡不算富有，但是健全，留學領的是獎學金。就職以來，薪資越領越高，可用一帆風順來形容。跨著海洋、隔著國界，兩個人走過這麼截然不同的人生路，如今也走到了一起。我不知道我此時出現，是「適得其時」，還是「相見恨晚」。

「唉，可惜自己沒能早些參與妳的人生呀！」我說著。只是沒吃過苦的我，面對吃足苦頭的她，我連說這話的底氣都嫌不足。看著她的表情，我知道我說錯話了。

她苦笑了一下：「你就算早出現，也甚麼都不能改變呀。」

我們吃完早餐，繪里堅持要付賬。我想，來日方長，總有下一餐、下下一餐，我付她付都不是重點。

我已經開始思考：我會帶繪里走，圓她的夢，我若真愛她，這才是我該為她做的。

我們走出店外，我刻意放慢腳步，讓她走在前面，端詳著她的身影。她好美，讓我多年以後的今天，仍深刻記得她那時走路的姿態。

但多年以前的我，只看得到淺處，看不到深處。繪里在早餐店裡的一席話，已經暗藏了我們日後分手的伏筆。

第一次的約會，比預計多了一夜又一天。從此我們發展成穩定的情侶關係。假日，她只要沒接模特兒案子，我們就到東京或近郊約會。澀谷道玄坂上的一家名為「獅子」的爵士樂咖啡廳，是兩人愛去的地方。日本情侶不習慣併排坐著，覺得在人前親暱有失體統。我和繪里，一臺一日，不管別人眼光，繪里就坐在我旁邊，我就讓繪里倚偎著。記不清有多少個午後，在Miles Davis的樂聲中，我和繪里坐在咖啡廳昏暗燈光下的一角，她靠著我的肩頭睡著。我滿腦子幸福快樂，想著：「如果人間有天堂，這裡就是天堂；如果人生有極樂，此刻就是極樂。」

繪里的性格有獨特的地方。日本人在工作時，基本上和私生活保持絕緣，但繪里會跨越這個界線，趁著工作的空檔，隨手就發來一個手機訊息「またナルのことを考えてる（又在想Naru了）」，讓我心暖不已。她不像其他日本女孩子般內斂，相反地，她非常樂天，接觸到她的朋友們，很容易感染到她的開朗。我和她，說起來像是日本漫才（相聲）裡的「ボケ（裝傻逗哏）」和「ツッコミ（吐槽捧哏）」，

我說話傻，她說話機伶，我們簡直就是天生的一對。

還記得那天公司聚餐，繪里剛好也有空，我帶著繪里，首次介紹給在場的同事。她劈頭第一句話，竟是「どうも、ナルのセフレです。（大家好，我是 Naru 的性伴侶！）」說得在場日本女同事和我面面相覷，不知所措，只得乾笑了幾聲。等到聊開了，繪里立刻成了眾人的開心果，和這些女同事混得比我還熟。

一個長輩級的男同事，平日溫文爾雅，那晚大概是喝多了酒，居然拉著繪里說：「日本男人有啥不好？日本男人的那話兒（チン棒）可長了呢！」

儘管出言不遜，繪里居然也四兩撥千金：「是嗎？人家那話兒可有四千年歷史囉（＊），你多久？」說得大家哄堂大笑。（＊日本一般認知中國為四千年歷史）

「彼女は美人で楽しい人ですね（你女朋友真是個漂亮又開朗的人呀）。」翌日，繪里成了同事們的話題重點。聽著同事們這樣評論著自己的女友，身為男人，自然與有榮焉。繪里見人劈頭第一句的自我介紹，以及機伶的反應，成了同事口中的傳奇。

我手邊的 iPod，裡頭裝了幾千首爵士樂，有半數以上是繪里苦心收集的 CD 曲。繪里的部落格，沒有臺灣女孩愛貼的、滿坑滿谷的自拍照，有的是自己一篇又一篇的爵士樂心得和心情日記。由此看得出她性格的執著：喜歡的事物，她會廢寢忘食地做；喜歡的人，她會不計一切地愛。

繪里很希望做我全方位的女友。有幾次，我們親熱時，她望著鏡子裡自己的胴體，帶著滿意的表情，說：「ナルのファンタジーを教えて。私は叶えてあげる（Naru，告訴我你的性幻想，我來幫你實現）。」這樣的溫言婉語，直指男人軟肋。

她曾賴著我，要我列出喜歡她的三點。

「第一、美人だから。（一、你漂亮。）」

我遲疑了一下，再說第二點。

「第二、…美人だから。（二、你漂亮。）」

她笑了，接著主動幫我補充：「第三、やはり美人だから？（第三點，還是漂亮？）」我倆笑完，她噘著嘴道：「不高興！你在我身上，找不到別的樂趣？」

「傻子！人在愛情裡，對方無論甚麼都顯得那麼美好，你要我列出一百條都一樣，就是『美』，」我說著：「這是化學作用，把美好的味覺都作用到一起了，妳怪我也沒用呀！」

這是個稍嫌複雜的說法。我才說完，還深怕自己日語辭不達意。等到見到她臉上浮出滿意的微笑，我這才放心。我偷偷地想：十年之後，我會讓妳知道這番話有多真。到時妳再來問我同樣的問題，仍會給妳一樣的答案。

和她也有過爭吵，我日語說不過日本人，和繪里爭辯總居下風，但她早和我約定好：「吵完了，立刻做愛。」不讓負面情緒影響一整天。吵完之後，兩人相擁，一切盡在不言中。可以說，我和她，連吵架都成了感情昇華的助燃劑。

就這樣感情融洽，身心契合，彷彿天造地設的兩人，交往半年後，迎來了X-day。

那天我提早下班，和她約在新宿車站。天氣很熱，我在車站內避暑，等著繪里。繪里出現了，拎著小提包，穿著俏麗短裙，讓我遠遠就看到她一雙長腿，隨著她逐漸快步走近我，我正為著有這個漂亮女友，打心底得意時，卻發現她臉色不太好看。

「怎麼了？」我感覺氣氛不對，主動幫她拿著小提包，問她原因。她臉上不太耐煩，連說「沒甚麼」。

我繼續追問後，她態度突然大變，反問我：「你就不能在車站外面等我嗎？你知道站裡人來人往，這麼多人，我找你，得花多大工夫？」

我被她數落得一頭霧水。我們只講好約會地點在新宿站，沒說是站內還是站外。萬萬沒想到這也足以惹她不開心。

我耐著性子安撫她，怎知她似乎情緒再也控制不住，躲在車站的柱子後面，雙手緊握著拳頭，不住地顫抖。

「好煩，為甚麼這裡這麼多人走來走去？好煩呀！」她唸著，同時握著拳發抖。

我好言相勸了好久，但始終安撫不了她。她堅持要一個人回去，我拗她不過，只有送她上了回橫濱的電車。

隨後，我自己一人搭車回去。坐在電車內，腦子一片空白。突然接到繪里的簡訊：

「剛剛十分對不起，讓你操心了。我心情不太好，回家休息一下就可以了。

剛剛你幫我提的小提包，我忘了討回來。改天見面時，記得交還給我。

還有：千萬別打開我的提包看，拜託！」

被她波動的情緒搞得我心神不寧，我自己也忘了手邊還拿著繪里的小提包。我回覆她的簡訊，要她好好休息。

看著繪里的小提包，我開始天人交戰，最後還是在好奇心驅使下，我打開了她的提包。

提包裡有一袋藥，袋上寫著：「デパケン」。

我回到家後，上網查了，知道這藥的英文名稱是「Depakine」，學名是「Valproate Sodium」，作用是「安定情緒」。

我繼續在網上查下去，握著滑鼠的手，開始發抖。

「デパケン，用於治療躁鬱症。」

「躁鬱症，需經由精神科醫師治療。」

「躁症發作時，會多話、會異常快樂，思考正面，會有幸福感。躁症結束，容易伴隨鬱症。」

最後，我看到這段：

「再發率高，需終生治療。」

查到此，一切水落石出。她會那麼執著於一些事物，孜孜不倦；她會有異乎常人的快樂情緒，有時甚至開口葷黃不拘；她會在做愛時這樣別出心裁，都是肇因於這個病。

至於她常常和我約會時，在咖啡廳沉沉睡去，則是藥物的副作用。

我打電話給她。聽得出她是在睡夢中被我吵醒。

「繪里，還好吧？」

繪里帶著慵懶的聲音，回答：「恩，Naru，我很好。」

我沒答腔。事實是，我不知道該怎麼開口。

她接著說：「Naru，我對不起你，你好不容易為我請假，我卻在鬧情緒……」

「繪里」，我打斷她的話：「我才該跟你說對不起。我打開妳提包看了。」

電話那端突然變得沉默。

停了半晌，我繼續說：「繪里，有甚麼困難，我們一起度過。我愛妳，我不要看妳一個人這麼痛苦。」我沒說過這樣的日語，我不曾把日語用在安慰病人的場景，我把我能說的，儘可能地排列組合到讓她懂，懂得我的意思之外，還懂得我真的關心她。

說到此，我的眼眶漸濕：「好好告訴我，妳到底怎麼了？」

電話那端仍沉默。半分過去，傳來一陣啜泣：

「Naru，你還要我嗎？」

晚上九點，我隨便收拾一些衣物，拎著繪里的小提包，趕往關內繪里住處。我還沒來得及告訴繪里，但我決定要以行動讓她知道：我不會在這時拋棄她。

「日本全國有一百萬的躁鬱症人口，臺灣則在三十到四十萬之間。」

「心理疾病的女性患者，在各國都是多於男性。」

我出發前，在網上做足了功課。日本一百萬的躁鬱症人口，當中，女性躁鬱症人口就有六十多萬。躁鬱症者若不接受治療，誰都可能到後來走上絕路。常常在東京車站看到的「人身事故」告示，背後不知道已有多少人生前飽受心理疾病之苦，最終只能以死解脫。我還得慶幸：繪里是那六十萬人之一，而不是東京車站「人身事故」的一行字。

繪里很早就沒了父親，受盡週遭同學歧視，工作又不如意，在日本這個極度壓抑的社會裡，她完全具備了躁鬱症的生成條件。

繪里的美好，在我眼中加倍放大。繪里的弱點，卻不斷被我有意忽視。我欣賞繪里的好、耽於她的美，她那些異於常人特質的緣由，我卻從沒好好關心過。

可以說，在情感上，我是個撿現成的男人。

「你他媽的是個甚麼男朋友！」我一隻手握著電車的扶桿，一隻手捏著拳頭，雜亂無章的思緒不斷在腦海裡翻攪。

「Naru，你甚麼時候愛上我的？」耳鬢斯磨時，繪里這樣問過我。我當時沒答，怕答了她不信，但在電車車廂中，我反覆地覆誦著：「繪里，我見到妳第一眼，就知道我只能愛妳。」

另外還有其他想要說的：「請原諒我，我不知道妳為了不讓我擔心，一直瞞著病情。」「我們一起努力，妳的病會好的！」

出了關內站，再換計程車，車開到我們常去的便利店，那條我嚇過繪里，繪里驚叫、我倆笑鬧的巷子口。我匆忙下車，走進巷子，趕赴到繪里家。

按下繪里家的對講機。傳來了我熟悉的、繪里的聲音：「はい（喂）？」

「繪里，是我，Naru。我來看妳，今晚睡在你這裡。」

門打開了，我搭了電梯，直奔繪里房間。繪里開門，站在門口等著我的電梯。

「バカ（笨蛋）！」我笑著，把她拉進房間，一個長吻……。之後，繪里一如往常，蜷曲著她的腿，勾著我的腿，手撫著我的臉。她接著娓娓道出她自小以來過的日子。

「爸爸死後，家裡失去了依靠。我們一家不知道該怎麼辦，我在那時，就被檢查出躁鬱症。但是醫生告訴我，我算是輕微的。」

「醫生開的藥，我服用了一陣子。後來在調整生活方式後，漸漸不需要依靠藥物。」

「認識了 Naru 之後，我每日歡天喜地。週遭的朋友都覺得我變了，說我每天很開心，笑話說個沒完。但直到有一天，為了工作上的事情，被人說過一次，我整個人情緒失控到全身顫抖，我知道我的毛病又來了，躁症發作了。」

「我去看醫生，醫生勸我還是要服藥。服了藥，人就昏昏沉沉，連和 Naru 約會都打不起精神。我為此和醫生大吵一架。」繪里說著，聲音逐漸顫抖。

「我怕你知道，知道了以後不要我……」繪里再也忍不住，兩行淚，任其淌在枕頭上。

我沒看過繪里在我面前流過淚。在電車裡反覆練習的日語，此時一句也說不出口。這地球本來就不是繞著我轉：我的女友是個美人，同時也是個病人。

我摸著她的長髮，說：「バカ！なんとかなるさ（傻瓜，總有辦法的！）」

「你還要我？」繪里問。

「恩，當然。你有躁鬱症，我得了繪里病：『沒繪里會死病』，兩個都是病人，互相扶持是應該的。」我安慰著她。

繪里笑了。那晚，我睡在繪里房間，兩人又像往常般，甜蜜地進入夢鄉。隨後的日子，我們一切重回軌道。工作、約會，偶而陪她看病。我仍相信自己是世界上最幸福的男人。

未久，我到歐洲出差一個月。期間仍與繪里每天電話通信，聯絡不斷，直到有一天上午，我收到繪里傳來的一封 email：

「Naru，一切都好？

我前一陣子又到醫院檢查了。有了新的發現：我患了『過動症』。好笑嗎？這是小孩子才會得的病。

我不知道為何這些難纏的病，全都找上我。我想：我不是一個受老天眷顧的人。

媽媽身體也不好，我想先回青森養病，順便看媽媽。

模特兒的工作辭了。我開始申請失業保險和殘障補貼。生活還能過的。

和你在一起的日子，是我人生最快樂的時光。我再也找不到像 Naru 這般契合的對象。

但我也認為：Naru 適合更好的人，不是我這個病人。

我可能一生寂寞，孤老終身。你沒必要在我身上浪費時間。

Naru，再見了。」

這封無疑是晴天霹靂的信，讓我一整天魂不守舍。當地同事見我開會時答非所問，問我怎麼了，我只推說身體不好。

我偷空簡短地回了一封信：「繪里，等我回來！」

我所在的法蘭克福與日本有八個小時的時差。我如坐針氈地等到當地中午、日本晚上的時間，打了越洋電話給繪里。電話電源是關著的。繪里青森縣老家的電話，我也不知道。遠在地球的另一端，我甚麼也不能做。這樣的狀態，持續了一個禮拜，直到我回日本前，電話仍是不通。

八月二十二日，我回日本的日子。十多個小時的航程，我沒睡過半刻。到了東京，我趕回家中，把行李放妥，搭電車直奔繪里家。路上，我已有預感：我做的全是無用功。繪里從沒這樣發 email 給我過，她必然下了很大決心。

我走到繪里家樓下，從樓下仰望她家的陽臺，她佈置的花盆，全部清空，晾著的衣物一件不剩。我按鈴，沒任何人應門。連續按了十多次，直到路人好奇地看我，我才住手。

我在她的住處樓下，無助地來回踱步，踱步到萬念俱灰後，坐在樓下門口臺階上，雙手掩面，眼淚止不住地流了出來。

我失魂落魄地過著日子，幾度午夜夢迴，依稀彷彿以為繪里又回來了，一如往常地嬉戲，聽音樂，做愛，共眠……。

但美夢無一成真。

我頻頻試打繪里的電話，直到聽到「お掛けになった電話番号は、今使われておりません（您所打的號碼不存在）」，這才徹底放棄。

一個月後，我向公司提出辭呈。回到臺灣。

我到任新職後，投身數百萬臺灣上班族的人群裡，開始在臺北朝九晚五的日子。年紀增長，形象也不似當年，但那段在日本期間，和繪里相處的種種情景，仍不時地浮現腦海，讓我吟味再三，又懊悔不已。我不只一次在想：如果再給我一次機會，我會更細膩地對待她、一個躁鬱症的患者。我相信她可以正常的過日子，只要我和她都有迎戰疾病的心理準備。

後來，我被國際人力仲介公司網羅，再度回到日本。我在日本的手機號碼沒換。

一方面，還能保持在日本的人脈；另一方面，或許繪里仍會想到我，給我一個電話。我們就算緣分已盡，但總該有某人、以某種方式畫上句號。就這樣，一個下午下班的時間，我在辦公室接到了她的電話。

「我是繪里。Naru 還好嗎？」

多年沒聽到繪里的聲音了。心情已然淡定不少。電話中，我告訴繪里這些年我的種種；繪里則說，她回去青森後，努力養病，學瑜珈，調整體質。

「Naru，你有對象了吧？」繪里問。

我還沒來得及回答，她便接著說：「我了解你的，若是有，她一定是美女，對吧？」繪里半開玩笑地說。

我們嘻嘻哈哈帶過。電話後來在互道珍重聲中結束。

掛了電話，我望著桌上的茶杯，發呆。

「傻瓜，我的心中，『美女』兩字，是永遠留給妳的……」我心中默念著，蓋上了電腦螢幕，離開了辦公桌。

神棍神棍滿天下

在公司遇到一個通靈的女孩。

我相信她的話，同在一家公司，她沒騙我的理由。她為此也苦惱很久。晚上一個人，看著生張熟魏，個個都想找她傾訴。晚上睡不好是常有的事情。

她在父母陪同下，去看過精神科。精神科醫生針對她的「症狀」給了一個高深的醫學名詞，高深到我在她轉述過就忘了。吃了鎮定劑之類的藥物，依舊無濟於事。鎮定劑管得了上半夜，管不了下半夜。下半夜，她醒來了，多半是被耳邊的「人」吵醒。

她是個可憐的女孩，願意和我接近，多半是因為我沒把她當精神病患看待。

我對鬼神的態度，是敬而遠之。沒遇過、沒見過，所以甚麼都不好說。

她是我在日本公司的同事。在這麼多連名字都叫不出來的同事當中，她是比較談得來的。

她的通靈體質，是在一個偶然的場合透露的。

那次同事一起聚餐，茶餘飯後的話題，不知怎地談到了宗教。我沒信教，只是應酬兼應景地談一談我對佛教的看法。大家瞪大眼睛，聽得入神。

我沒甚麼高見，純粹把在臺灣的所見所聞講了一下，述而不作。見解極為稀鬆平常，但大多數在場的日本人同事都沒聽過，所以聽得津津有味。

「為何日本的聚會、慶典，要叫做『祭』？」我開口問道。

大家面面相覷，沒人答腔。

我接著說：「『祭』，寫成漢字，是供桌上，一隻手，捧著一塊肉，獻給神。聚會、慶典，是人的歡宴，和神有甚麼關係？連校慶也叫做『校園祭』，這好不好笑？校園是神創造的？」

話說完了，大家聽著，紛紛點頭。日本人點頭，多半是表示聽進去，不一定表示贊同。

一個同事說：「嗯……聽你這麼說，確實是有點道理。」

「可是，神是無所不在的，所以叫做『祭』，這也說得通吧！」一個女同事接著說。大家聽了，不覺莞爾，笑成了一片。

那時，我依稀感覺到雪江（那個通靈女孩）坐在一邊，不說話，只是默默地聽著，與週遭的氣氛不太搭調。

飯後，大家各自付帳回家。雪江選擇了一個四下無人的時機，突然叫住了我。

「侯桑，我可以和你談談嘛？」

雪江是總務部的女同事。在那之前，只有點頭打招呼的交集。除開打招呼，我連看都不曾多看她一眼。不是她不起眼，而是她太漂亮。我總覺得美女是「稀有資源」，稀有資源就該杜絕「過度開發」才對，偷瞄偷看都是過度開發的一種。

我問她：「怎麼了？」

她說：「可以耽誤你一點時間嗎？到附近咖啡廳坐坐聊聊？」

「嗯，好呀。明天週六，待晚一點沒關係。」我爽快地答應了，但從雪江認真的表情，我預想這不會是一個輕鬆的「聊聊」。

我們到了東京「日本橋」附近的一家咖啡廳。各自點好了飲料，拿到座位上，坐好。

「是不是有甚麼事情要告訴我呀？」我坐好後開門見山地問。

雪江說：「侯桑，你知道『真言宗』嗎？」

「恩……聽過名字，是佛教的一個宗派吧？僅止於此。其他不知道。」

「我最近，被『真言宗』的一個大師相中，要我作他的嫡傳弟子。」她嚴肅地說。

「嗯？那……很好呀！妳有這個慧根嘛！」

「你不知道的，我很苦惱。我其實從小就有一種能力，會看到人家看不到的東西。」

我聽著，身上隱約起了雞皮疙瘩。

「我甚至經過不認識的人家，還能感受到那戶人家是否會出事。小時候有幾次，和爸爸一起散步，路過鄰居家，我脫口說出『這戶人家會死人』，第二天果然靈驗。爸爸知道了，要我以後甚麼都不要說。」

雪江喝了口咖啡，繼續說：「我不想要有這種能力，但沒辦法，那些東西總會找上我。我閒暇時，只想待在家裡（神奈川縣），不想來東京。你知道為甚麼嗎？」

我搖搖頭。

「東京以前發生過大空襲。你知道嗎，我路過隅田川（東京台東區的一條河），還可以看到一堆河川上的浮屍。」

我當時半信半疑地聽著。如果這都是真的，這女孩子未免太可憐了。

「銀座，日比谷公園，我也不想去。有幾次路過，突然就有全身燒焦的人跑出來，抓住我的手，要我給他們一口水……。」

天哪，東京大空襲，至今都過了一甲子了。真有這些怨靈，陰魂不散地盤距在原地那麼久嗎？

這實在是我無法理解的世界。我只能靜靜地聽雪江說，甚麼話也插不上。我事後查過「東京大空襲」，銀座、日比谷公園，確實都是重災區。隅田川沿岸則是遭到美軍燒夷彈轟炸，身上著火的居民不論會不會游泳，紛紛往河裡跳，其結果就是河面滿是浮屍。

雪江描述的，與當時的慘景相符合。

接著，雪江就開始說她和真言宗那位大師的奇遇。

雪江說，她自己也多少會看人相貌。有些人的相貌就是不對，看了就是不喜歡，這和醜與美無關，就是磁場不對。

「我長期被這些事物困擾。有一次，我因為生病住院。住院期間，有一天，在醫院的會客室，見到一個相貌堂堂的人。下意識在想：我要是不跟這個人說幾句話，這輩子會後悔。於是我主動和他說……。」

「妳主動對一個不認識的人開口了？」我驚訝地問道。眼前的雪江，給我的印象一直是美麗而文靜、不像是會主動搭訕的人。她會開口和陌生人說話，想必是有甚麼驅使著她。

「他是怎樣的人？」我問道。

「那個人自我介紹，說是真言密教第一五九代大師。這是從平安時代（九世紀到第十三世紀的日本）一路傳來的。精確地說，是『真言密教天意真觀流天意真觀派』。」

這一大串教派名字，我是在她用手親筆寫下之後，才知道她說甚麼。

雪江繼續說：「他一見到我，就斷定我與他有緣，要收我做弟子，他連法號都為我想好了。」

「法號？」我稍微驚訝了一下。這情節，像極了任何一個病急亂投醫的人，遇到一個見獵心喜的術士。

「恩，叫做『月光』」雪江說。

雪江她繼續描述著那位密教大師的種種神蹟。這位大師能看穿一個人有無被「依附（附身）」，能從面相斷人善惡，能知人的大限……。這位大師當下把雪江心中煩惱的問題，一一言中，讓雪江佩服不已。

我聽到此，也開始對這位大師感到好奇。或許雪江真的「適逢其人」，只是我不清楚罷了。

我們話題漸漸轉到別的地方，談公司八卦、談世態人生，談到咖啡廳打烊才離去。以後我們聊天的次數多了，對她也逐漸熟悉。雪江和父母住在一起。自從被診斷為「精神有問題」以來，她不敢和任何人再提她所見到的異像。在日本，若是公然談起這些事情，很可能會被公司察覺她的精神狀況異常，以不適任為由辭退她。到時她連生活都成問題，只能以一個精神病患的名義領殘障津貼。

她的父母則是限制她平日的花費，每月薪水必須交給媽媽保管，每天只能拿兩千日圓零用，就是怕她「心智不正常，被人騙」。

我同情她的遭遇。雪江畢業自「立教大學」，她自嘲地說，立教非一流，非三流，是一點五流。但是從她平日的聊天，我知道她絕非「心智不正常」，她父母應該清楚。

但是，她不時遇到的異相，則始終困擾著她。有一天晚上，她發簡訊過來。

「出現了，」

「甚麼？」我回覆。

「又像以往一樣，出現了。一個小孩，在我床前又跳又鬧！」

我看著手機裡的簡訊，不禁打了個寒顫。她接著又發來了一個簡訊：「應該是『座敷童』吧！是會給人們帶來幸福的。我應該不用操心。」

我不知道甚麼是「座敷童」，上網查了一下，才知道這是日本民間流傳的一種小精靈，專門搗蛋，但通常不會惹事。

我有些不太高興了。我相信雪江會見到異相，不管是真有還是精神問題造成的，但我不相信有甚麼「座敷童」。如果「座敷童」可信，「三太子」又何嘗不可信？「孫悟空」和「豬八戒」又何嘗不可信？但這些都只是民間故事。所有的民間故事角色統統都成神成精，這世間精怪何其多，還有完沒完？

我開始懷疑雪江。她的鬼故事可能有真有假。她是否在利用我的同情編故事，只希望多博得別人的關心？

我的不滿，在和那位「真言密教大師」過招後，到達最頂峰……。

雪江沒有正式答應成為那位「大師」的弟子，但過從甚密，儼然已是他的入門弟子。雪江自心底把「大師」奉為高人，言聽計從。和我熟稔後，她提議把我的照片拿給那位「大師」驗一下。據說，好人壞人，「大師」一驗即知。

我也很想知道這位「大師」的神通，所以，答應了雪江。

就在某一天，她和「大師」聚餐，順便讓「大師」看看我的照片。我在公司加班，一邊等著對方「檢驗」後的結果。

晚上八點多鐘，雪江發來訊息：「給大師看了你的照片。」

「如何？」我回覆。

「他說：你是一個三十歲、略顯疲憊的上班族。準吧！」

我愣住了。接著回覆她：「是嗎？還說甚麼？」

「說你適合作上班族，別出來做生意甚麼的。」

我沒再追問了。我今年早非三十出頭，雪江是清楚的。「大師」猜我是三十歲，只因為我照片顯得年輕罷了。以一個「大師上人」而言，這差距是無法以「誤差值」來搪塞的。至於「疲憊」這類不著邊際的形容詞，則可以用來泛指任何人。

所謂「大師」，技止此耳！但雪江明顯信之不疑。

雪江又發來了：「他說，從照片看來，你被一個三十五歲的女鬼纏著。」

我把手機蓋上，再也不看了。連活人的歲數都猜得離譜的「大師」，能認得清死鬼的歲數？

隔天，我們在公司見了面。我和她在會議室，我把我的疑惑統統和她說清楚。

「雪江，我相信妳能看到那些亂七八糟東西。但妳找錯人了。那個大師只是個神棍！」我憤憤地說。

雪江瞪大眼睛，不可置信地說：「為甚麼？」

「把我歲數猜成三十歲，這不是誤差。這樣的大師妳也信？」

「但是他說你是『很累的上班族』，沒說錯呀！他還說，你身邊跟著一個女鬼，只有他救得了你。」

我發現我無法對她生氣。單方面生氣也無法解決問題。雪江很可憐，她是真的需要「大師」，不論是從科學的角度或民俗信仰的角度。這個「真言密教大師」就是利用了雪江這一點，趁虛而入。

我後來忙於專案，和雪江也不太聯絡。直到後來，從同事那裡輾轉得到消息：雪江已經辭職。

我發了簡訊問候她，她沒再回。她和大師雲遊修行了？還是回家裡休養了？恐怕永遠成了謎。

但是，我有些後悔，當初真該向大師問清楚：那位亦步亦趨跟著我的「三十五歲『女士』」，到底是個甚麼模樣。我愛「美魔女」嘛，大家都知道的。

日本衙門親歷記

大戰新宿歌舞伎町

日本向來治安良好，殺人放火的重大案件不多，但小竊小扒的案件不少。我來日本留學的頭兩年，就遭竊一輛摩托車、被偷一條牛仔褲。

看官可別小看這些小案件，這可是左右警方治安績效良好與否的重要指標。就舉去年一則新聞為例：「大阪警方在過去五年吃了八萬件案子」。這則新聞背景，是因為大阪府長年人口數不及東京都，但犯罪數始終全國居冠。這給了地方治安首長極大壓力。下屬體察上意，只好在小竊盜案、小損壞案上動手腳。這些吃掉的案子，讓大阪連著幾年擺脫了「罪惡淵藪」的惡名。只是紙包不住火，大阪警方長年習以為常的吃案作法，被媒體披露之後，所有這些小案子全回到帳上，大阪再度奪回全國犯罪都市之首。

治安是大家的事情，單方面怪警方不努力，這不公道。人要犯罪，就彷彿天要下雨、娘要出嫁，攔也攔不住。警察再努力，也不可能完全防患於未然。拿犯罪數字評價警方，我個人認為不是一個公平的做法。但在已經發生的事件，警方可以積極調查、打擊犯罪，在這上面要是成績斐然，相信大家還是會給警方一個合理的評價。

就拿我自身發生的事情做例子。有一次，一個過去一起做資訊系統專案的臺灣老同事來日本玩。兩人談了不少往事、聊聊共同的朋友，再聊聊近況。他和我談兩岸資訊界總總光怪陸離的現象、聊他對女人的看法；我則聊到我最近買了個索尼的智慧腕表，也聊我對女人的看法。兩人既然對女人都有看法，於是決定到東京出名「夜都」新宿歌舞伎町，看看那裡店家倚門賣笑的女人，開開東洋葷。

兩人到了新宿三丁目之後，邊走邊聊，走進了燈紅酒綠的巷弄。酒店、按摩店、陪浴店……，穿著短裙的女人談笑而過、西裝筆挺的店員則是站在門前招呼著：「お客様、マッサージいかがでしょうか（客人，您要不要馬殺雞？）」朋友看得眼花撩亂，大開眼界。

「怎麼樣，開洋葷了吧？」我問道。

「日本女人太正了吧？」朋友興奮地答道。

「說不定是中國人呢！」

「真的？拉客的也是？」

「恩，也有可能。但是你放心，日本法律規定，拉客的人不能死跟著客人超過一定的距離。超過了就犯法。還有，日本的酒店小姐們是不許摸的，摸了也犯法。」

嚴格說來，這所謂拉客「犯了法」，並非指《刑法》上的任何一條法律，而是日本各地方縣市自行訂立的「防治騷擾條例」。各地規定不同。東京都對於招攬酒客的拉客行為則是根本明文禁止。但禁止歸禁止，做到甚麼地步才是應該禁止的「拉客」行為，這又有著太多解釋上的灰色地帶。總不能把店員站在自家店門口喃喃自語的行為都視為「拉客」吧？於是乎，一個默契就此產生：只要是在自家店門前私有領域的行為，基本上警方是睜一隻眼閉一隻眼。各位看官來了東京，要是路過勾欄酒肆處，見到拉客的上前對您搭訕了幾步又折返回去，原因即在此。

就這樣，我貌似專業地邊帶路邊解說著，一邊把玩著我的新玩具：索尼智慧腕表，看看我新宿這一圈走來，會消耗多少卡洛里……。

突然，一個聲音從背後傳來：「お客さん、キャバクラですか？マッサージですか（客人要上酒家還是去按摩）？」

我回頭看：一個看上去廿多歲的年輕人，身材矮瘦，穿著羽絨衣，熱情地用日語問我們。

「沒甚麼。隨便看看。」我答道，揮揮手要他走。

「キャバクラなら知ってる店があるけど、いかがでしょうか？紹介しましょうか（我有熟的酒店，怎麼樣，我幫您介紹吧）？」

「いいえ、大丈夫です。（不用了）」

年輕人不死心，在我們兩人走開了好一段距離後依舊跟著。這是一種我沒見過的皮條客，做的事情已經算是違法了。日本皮條客一般不敢冒這樣的風險。

「搶客搶到犯法的地步，這市道還真的蕭條呀。」我胡亂想著，聽任他繼續跟。只是剛剛和朋友解釋的「你放心，日本拉客的人不能死跟著客人」，如今還真不好自圓其說。

我們走了老半天，朋友的玩興似乎越來越高。他憤憤地說：「這輩子就沒見過日本的風俗小姐！老侯，你沒認識的店？」

「沒！」

「真的假的？」

「真的。」

我們的困窘似乎被人看得明明白白。尾隨著我們的年輕人又出現了：「您試試我給您介紹的。兩萬五，按摩，日本小姐服務。」

說實在，我已沒輒了。待在日本這麼久，偏偏新宿歌舞伎町一帶我一概不熟，更別談甚麼「店」。眼看年輕人今晚算是勤奮，就幫他掙業績吧。讓朋友入寶山空手而返，我也過意不去。

「好，那還是拜託您了。」

說完，拉客的年輕人隨即領著我們，九彎十八拐地走到了一個暗巷。暗巷站著一個中年男子，腋下夾著提包，穿著襯衫領帶，理著平頭，對著我倆有禮貌地鞠著躬。

我不知道這是個甚麼樣的店，不知道為何不能直接進店家。疑問只在心中盤旋片刻，旋即消失。這也難怪，日本上軌道的地方比起不上軌道的地方多得太多，長期在這個國家待著，人們很容易喪失應有的警覺。

中年男子從提包拿出店裡「小姐照片」，要我們先選。夜色之下也看不出來小姐姿色。我一邊翻譯給朋友聽，一邊自己任意選了一個。選好了之後，中年男子說：「對不起，我們店家是前金制，您得先付費。」

「這是不是騙錢呀？」朋友忍不住用中文問我。

「不會啦！日本沒這種事。」我全無防備，把自己的錢包掏出，乖乖付了二萬五千日幣。朋友也有樣學樣，付了二萬五。

中年男子拿起電話，說要聯絡「經理」安排小姐。電話裡，他交代了會有兩個客人來、各自選了「なな（NANA）」和「えりな（ERINA）」。電話說得有鼻子有眼，大概是真有那麼回事了。

「這名字……呵呵，還真是花名味很重！」我說著，朝著朋友笑道。朋友不懂日語，當然也不明白我指的日本「花名」是啥意思。

電話說完了，中年男子即示意要拉客的年輕人再為我們領路。

年輕人帶著我們走，穿過幾個巷道，眼前逐漸豁然開朗。是新宿的「新宿區役所通」（馬路名），路上人聲鼎沸，兩旁都是聲色場所。第一次見到這裡的夜景，任誰都會看得眼花撩亂。年輕人引領我們走到「新宿區役所通」的一家 7-11 便利店前，停住。又有另一個平頭的男子站在便利店前等我們。

「ありがとうございます。それでは、店のルールについて、ちょっと説明させていただきます。（謝謝！讓我先解釋一下店裡的規矩）」平頭男訓練有素地先鞠了躬，隨即開始熟練地說起店裡的規定。

「一、不可以對小姐有猥褻行為；二、不可以偷拍店裡小姐照片。」我聽完，點點頭，隨即翻譯給朋友聽。

「為了怕您們違反規定，我們必須先收七萬保證金。每人七萬。」平頭男追加了這一句。

不對勁了。我心中的警報立即響起。

我匆匆把平頭男的無理要求翻譯給朋友聽後，開始爭論。

「七萬？事先為甚麼不說？」

「您放心，只要您們沒做甚麼違規的事情，七萬會原原本本還給您。」

「我們都是外國觀光客，到哪一下子冒出七萬日幣？」

平頭男聳聳肩，做出一副愛莫能助的表情：「じゃ、どうしましょう？（您說怎麼辦吧）」

怎麼辦？這是詐欺了。

「我們不要了。二萬五還來！」

「不行，小姐也幫你們準備好了。我們店家已經有損失了。」

明擺的鬼話。我一肚子怒火不可遏制，當下做了一件讓我後悔萬分的事情。

「好，我報警！」

「呵呵，你報吧。」平頭男一臉不在乎。

我拿起電話撥了一一〇，電話那頭的警察問我有甚麼事。

「我們和這裡的店家有糾紛，現在店家強行要求我們付出高額的錢。請您們趕快來！」

「請告訴我地點。」

在日本，要描述地點是個難度很高的挑戰，那晚算是運氣好，我居然瞥見附近牆上的地址牌。我趕緊把地址報給警察，隨即掛上電話。

平頭男留在原地還沒走。拉客的年輕人也沒走。

「このまま動かないで！警察官がもうすぐ来るから、その時また説明してもらおう！（別走！警察就快來了，有甚麼話對警察說。）」我斥喝道。

平頭男沒說話。異樣的沉默持續了半晌之後，平頭突然咆嘯起來：「X你媽的！我做甚麼了你要報警！」語畢，拳頭立刻往我腹部揮來，結結實實打了一拳。

是漂亮的中文！

中國人一般說日語都帶著濃厚的腔調，但這些中國犯罪分子居然把日語說到如此漂亮的程度，讓我渾然不覺，著實把我這個在日本待了這麼久的人大吃一驚。

朋友見狀，衝上來架住他，我則是抓著他的衣領吼道：「你敢動手？你沒事就別怕警察！有委屈，就跟警察說。」三個人揪成一團。此時，不知從何處跑來一群中國人，把我和朋友架開，放走了平頭男。

「別這樣，你們這樣會吃虧的……」這群人（東北口音）死命架開我們，貌似調解，平頭男早就逃得不見身影。

眼看一個詐騙嫌犯走了，年輕皮條客也轉身要走，而警察還沒來。我瞥見那個年輕皮條客離去的背影，掙脫這群架著我的人群後，衝向皮條客。

「別走！」我揪住了皮條客衣服後的連身帽。

「X！關我甚麼事！」皮條客回頭就是一拳。

又是漂亮的中文！

有些人的日語學了十年也不見得擺脫母語腔調。這些人的日語說得如此出神入化，為何放著正經事不做，要偷矇拐騙？

當然，這不是思考這些事的時候。皮條客朝我額頭打，打得我眼冒金星。我拚命揪著皮條客的連身帽，朝著「和警方約定的地點」走。我只要多拖住一秒、拖到警察到來，我就有機會了……。這是我當時唯一的想法，其他則完全沒有記憶。我後來才知道，皮條客為了掙脫我，死命地往我頭部捶打，且拳拳針對要害（把我鼻樑打斷了），但我怒火攻心，任他怎麼打，我只想拽著他「見警察」。唯一依稀記得的，是我的「索尼智慧腕表」嗶嗶作響，「恭喜」我卡洛里消耗量達標……。

這也造成了我顏面、頭部多處傷痕累累。

就在此時，剛剛那群貌似和事佬的中國人又來了，同樣把我的手架開，安撫我道：「真的，相信我，你真的會吃虧的，別這樣！」

皮條客也跑了。

「我已經吃虧了！你們不攔他，光攔我，甚麼意思？我等警察來了，我還會吃虧嗎？」我罵道，那些人只是陪笑臉，把我架離現場後，人就消失不見。

嫌犯全跑了。

我癡癡盼望的警察沒在當下趕來。臉上淌著血，身上的傷算是白負了。就在我和朋友心灰意冷的時候，警察總算姍姍來遲。

兩名警察，一老一少，漫步過來。沒警車，沒機車，連自行車都沒有。

如果只是警察反應緩慢，還則罷了；此後警察的對應方式，才真讓我感嘆「天下的衙門都是一樣的」。

警察看我臉上的血，猜出我就是那個報案的人了。

「你是報案的？」

我點點頭。

「犯人呢？」

「跑了。」

警察帶著我們往派出所去，一路上問我事發經過。我腦子總算冷靜下來，邊走邊交代事件過程。這大概三百米的路程，警察們來現場卻走了七八分鐘，讓事件從原先的「錢財糾紛」，升級成了「傷害案件」。這也讓我從原先「兩萬五變成七萬」的單純詐騙案描述，加工加料，把人、事、地、時、動作都要交代清楚，挨了好幾拳還能說得出這樣複雜日語，我在日本也不算白待了。

到了派出所，老警察幫我做簡單的護理，年輕警察幫我做筆錄。警察煞有介事地寫了幾個字，畫了一點圖。仔細看，這所謂「筆錄」，是一張白紙。

「怎麼辦，這成了傷害事件了……」年輕警察搖搖頭，順便試探我的口吻。

我苦笑著。

老警察也開口了：「侯桑，我看，犯人都跑了。新宿這地方你也知道的，這種中國人很多，根本不知道從何抓起。」

年輕警察接著說：「怎麼樣？要不要報案？我只能把話說在前頭：抓到人的可能性……很低。」

明白了。這是暗示我別報案了。不知怎地，當時的我，一心認為麻煩是自己惹的，害警察奔波實在過意不去，警察伯伯沒斥責我幾句，我都該覺得恩重如山了。

「恩……知道了。您們繼續努力，儘量維持這裡的治安，希望這事情就到我為止。」

警察看我有放棄報案的意思，樂不可支地說：「那當然！一定努力！」

派出所警察安排救護車送我到醫院接受急診，我的朋友只有陪著我一起去。人生第一遭：遭毆打、坐救護車，全都給了日本。

救護車送到了醫院。當班的醫生是個年輕女大夫。我接受腦斷層掃瞄，女大夫看了結果後，安慰我「腦部沒事（大丈夫）」。

「當然大丈夫！一天下來都沒用腦，跟新的一樣，哪可能有事！」

「是的……啊！不是不是，您當然是用腦的，哈哈，您用腦的……」女大夫忍不住笑了出來，惹得在場護士全都笑成一遍。

就這樣，一個雞飛狗跳的晚上結束了。戰果是：鼻樑骨裂開、額頭兩針，以及滿室年輕女醫、護士的笑聲。

第二天，我聽從醫師指示，不去上班，接受專門外科醫生的檢查。我發郵件給客戶，說我「遇到交通事故」，想請一天假。

客戶立刻打了電話給我，口吻很是關心，問我受傷狀況。

「鼻子撞得骨折了，比以前帥多了。但腦子很好，新品！」客戶看我照常談笑，知道我不算太嚴重。兩人嘻嘻哈哈地掛上了電話。

早上到醫院，這下才發現笑不出來。鼻樑沒移位，外傷情形沒有變化，醫生的判斷是「暫時無須做手術」。只是昨晚急診到今天的複診，各種檢查花費一共是七萬多日幣。這下可好，醫院算是替詐騙集團「代收」他們沒騙到的七萬了。

看官須知：一些剛在日本工作的新人，月薪實際拿到手，也就是十五、六萬。七萬，幾乎是這些職場新人半個月的薪資！我付完了錢，一肚子怒火又升起了。醫療費七萬、一天沒工作，XX萬（不好透露我的酬勞）。這是我該承擔的？

話說：我日本所得稅也沒少繳，日本警察保護我這個外國公民，也是理所當然。可是昨晚的一場惡戰，幾乎就在警方眼皮底下突然而來、悄然消失。這好像不太對。

不，是越想越不對。

我決定反擊了！

新宿警察署伸冤紀實

如果派出所愛莫能助，我就找他們的上級單位：「新宿警察署」。日本電視劇裡警察們宵旰從公、除暴安良的英勇形象，讓我對此地警察多少有些期待。這種幾近幻覺的樂觀情緒讓我在下午就劍及履及動了起來。

臺灣朋友已經搭飛機離開了。我只能自力救濟。我花了兩個鐘頭的時間，把事情經過，人事地時全都打成「狀紙」，交代清楚，列印出來。十年也難得用一次的日文單詞，如「殴る」、「引っ張る（拉扯）」、「掴む（揪）」，這張狀紙裡全都用上了。這狀紙要是在日本衙門行得通，我以後就在日本兼差做師爺。

下午四點，我拿著狀紙，坐電車直奔「西新宿」站的「新宿區警察署」。「新宿區警察署」外觀稱不上「立派」（雄偉），比起臺北市大安區的警察局，甚至略顯寒傖。我才一走近門口，門口一位拿著長棍、豎著盾牌的警衛立即叫住我。

「要做甚麼？」

「我想報案。」我答道。

警衛看著我臉上的傷，又問了一句：「甚麼案？」

「傷害案件。」

「在哪發生的？」

「歌舞伎町。被拉客的打。」

警衛打量我之後，問道：「誰打你的？中國人？」

我點點頭。

看來這類案子多得不可勝數，連門口警衛都能猜到三分了。

「有醫院開的驗傷單嗎？」警衛問道。

「沒……沒有。只有醫院開的收據。」

「沒驗傷單不行的。」

「對不起，趕著過來，忘了去拿。」這確實是我的疏忽，只好老實承認。

「沒驗傷單，報不了案囉！你進了門裡也一樣。那裡的人也會這麼跟你說的。」警衛不假思索地回覆。

沒驗傷單就報不了案，報不了案警方就動不了，警方動不了犯人就繼續逍遙法外……我在這個國家，這已經不是第一次墮入一堆規矩的迷宮，找不到出口。

「我不能先報案嗎？我想保全證據。我怕我若喪失時機了，到時連路口監視器的畫面都會消失！」我近乎懇求地說。

警衛想了想，做了個手勢：「這樣……你進去吧。」

呵呵，我又能報案了。門口警衛的盤查，算是為他的同事們把報案的民眾過濾在入口處。這已經暗示了此處不是歡迎民眾擊鼓鳴冤的所在。

換了出入證後，我直奔四樓刑事課。刑事課知道了我的來意，說「拉客」引起的暴力事件算是「組織犯罪課」的職掌，要我到五樓「組織犯罪課」去。我又趕往五樓。

警察署不像一般單位，沒設「受付」處（接待詢問處），我只有站在門外，指望門內來來往往的警察能主動注意到我。

一個警察似是注意到我了，停下腳步問道：「您是……？」

「我是來報案的。」

「報甚麼案子？」

「歌舞伎町拉客的打傷了我。」

警察轉身幫我找了負責人。沒多久，出來兩個人，一個身材魁武，一個身材精瘦。魁武的自稱「鷹橋」，精瘦的自稱「矢野」。兩人活脫是日本「時代劇」（古裝劇）裡的人物。

兩人和我，在門口走廊外的長椅上坐下。我就像是遇到青天大老爺，先把狀紙遞給鷹橋，隨即滔滔不絕地說著我的冤屈。說完之後，只見鷹橋搖頭苦笑。

「侯桑，這事情，你應該是案發當時就報案，你現在找我們，我們也無能為力呀。更何況，犯人都逃了，你連犯人是誰都不知道，你要我們怎麼查？」

「鷹橋桑，我當時就報了案了。警察來遲了……」

鷹橋一怔，隨即問我：「警察怎麼說？」

「說的話和您一樣：犯人都逃了，沒辦法。」

鷹橋表情有些尷尬，開始埋首我的「狀紙」。

不知道是何時看到的民間傳說：臺灣光復後，民眾揶揄國民政府警察官僚氣息，說有人報案家中發生竊案，警察卻是雙手一攤，謂「你不把小偷帶來，我怎麼辦案？」

這事大概信者恆信。但眼前日本警察演的正是這齣戲碼。

坐在一旁的矢野接著道：「侯桑，你說當時有臺灣朋友在場。你的朋友呢？」

「朋友今天早上搭飛機走了。」

「朋友走了？這個嘛……。侯桑，我不是故意要說不中聽的話，你朋友都不在了，誰來證明你說的話是真是假？」

我愣住了。

矢野繼續說道：「我們警察辦案子，是不能聽片面之詞的。我們得多方採證，才能知道事情的真相。你說是不是？」

我接不了招了。警察在不想接案子時，就是用這種磨功。比較起來，那晚詐騙集團騙不到便拳腳相加，還直截了當點。

鷹橋突然像是注意到了甚麼，指著我「狀紙」裡的一段話：

為怕打人的嫌犯逃走，我抓著嫌犯衣服……

「你抓了人家了？」鷹橋問道。

「恩。怎麼了？」

「抓了，你也犯法了。這可是『暴行罪』喔！」

我一個完糧納稅、奉公守法的好公民，居然會扯上「暴行罪」？我趕忙解釋道：「這不是正當防衛嘛？人家打了我呀，而我僅僅抓住他的衣服而已，根本沒動手！」

鷹橋搖搖頭道：「在日本，你知道甚麼是『正當防衛』嗎？人家打你，你無處可逃，只能動手反抗時，這是『正當防衛』；你當時能逃嘛！能逃而不逃，這就不是『正當防衛』了。」

我傻眼了。挨了拳頭自己得先溜。我溜他也溜，兩造全溜光了再報警，這才是「正常程序」。

「『暴行罪』，就是你用蠻力企圖控制或威嚇人家，這就算是『暴行罪』。沒造成對方受傷也一樣。」

看來，我就算真的提告了，還可能吃官司。只要我不提告，一切就當沒發生……。

「您告訴我，一般老百姓遇到這種事，怎麼做才對？我們能報警嗎？警察不保證及時到現場；我們能自行處置犯人嗎？一動手我們自己都吃官司。我們到底該怎麼辦？」

鷹橋遲疑了半晌後，道：「唉，您當初別去就得了。」

我當然知道。但是，警察若指望「人皆完人」，我們養警察是幹啥的？

我思考了一下後，道：「我不管對方會不會告我『暴行罪』，我決定要讓他們繩之以法！」

鷹橋見我意志堅決，只好換了一套說法：「但我們真的沒法保證抓得到嫌犯。」

「我查過了，就在案發現場有監視錄影機。」我提醒鷹橋道。

「侯桑，你要知道，在日本的中國人那麼多，就算從監視錄影機找到嫌犯臉了，我們也不知道他是誰……」

這是實話。除非到處拿著嫌犯照片一個一個問當地的中國人，否則要找真的比登天還難。

「鷹橋桑，給我一天，我給你犯人名字。我今晚就找出來。」

鷹橋一臉的疑惑，好奇地問我：「你怎麼找？」

「我可能有方法了。一天，我找不到，我就不報案了。」

我鞠躬告辭了這兩個愛莫能助的警察，踏上「自行辦案」的路了。

擒賊記

我其實沒有好辦法。若是在臺灣，這點「屁大的事」足以在媒體喧騰好幾天：「民眾兩度報案，兩度吃閉門羹」、「悲慘世界：警方動作遲緩，坐看民事糾紛變成刑事案件」。看官們也別老說臺灣媒體亂象叢生，和日本這種「八風吹不動」的衙門打交道，你有時還真指望此處也能出現像臺灣網媒這樣的媒體，用點聳動標題，把他們「一屁打過江」。

閒話休提。我拿定主意：自己再次去一趟歌舞伎町，看能不能把同一個人再引出來。這得靠點傻氣，更多得靠運氣。

這些人在某件事上和我這個做「系統顧問」的有一個共同點：一天沒上工，一天就沒錢。那晚他們為了我躲警察，可能一個晚上都沒收入。但整日龜縮不是辦法，他們還是得出門物色下一個目標。

如果我運氣夠好，說不定今晚就遇得到同一批人。日本的監視錄影帶保存期限從一週到一個月都有，沒有一定的規定。我必須越快越好。

我決定今晚就行動。

就在下決定「釣魚」的當下，突然感覺回到少年時期，甚麼冒險行為都敢嘗試。所謂「大人者不失其赤子之心也」，我的「赤子之心」用在今晚了。

我打算把自己扮成中國觀光客。那個拉皮條的肯定認得我的背影，我決定戴頂帽子、戴上口罩、眼鏡。順便也遮住我臉上的傷痕。

衣服全面換成便裝、揹著背包。臨時還抓了一本《中文觀光指南》，一把雨傘。乍看鏡子，連我都不太認得自己的模樣。我不像觀光客，誰像？

晚上八點，我打扮妥當之後，踏出門，搭上JR中央線。八點卅分，再度回到新宿歌舞伎町。

依舊是那晚般的霓虹閃爍、人聲喧鬧。我沿著同一條路線走。一路上，有各國的皮條客迎面而來。我低著頭，儘量聆聽這些皮條客的招呼聲。

「お客様、いかがでしょうか、飲み屋の方は？」

不是他。

「マッサージはどうですか？」

這個人也不是。

一手握著長柄雨傘，一手抓著《中文觀光指南》，心中默念著，盼望眼尖的中國皮條客能立刻嗅到我這個「醒目的對象」。就這樣，我走了一圈，一無所獲。

「就當是散步吧，」我想著，決定再繞一圈。有這種工夫窮磨，還得拜我如今非上班族身分之賜。我於是再度以「歌舞伎町」這座大牌坊為起點，踱步慢走。

我這晚一身裹得嚴嚴實實的打扮算是特殊，幾個剛剛對我搭過訕的皮條客立刻認出我來，認定我為了尋芳猶疑不決，這回更是死命地對我介紹「好玩的」。我沒搭理，繼續走我的路。

就在我走進一條巷子時，突然見到眼前一個熟悉的背影。是那個年輕人！他還是穿著那晚的連身帽。他和我打了一架，那模樣讓我一看就認出來了。他正在搭訕別的客人。

我加快腳步接近他，越是接近，越是發抖。

不行，得冷靜下來！

我假裝拿起電話，隔著口罩高聲說話：「……催個啥呀，你！等我找到了，報了南京大屠殺之仇，我保證讓你流口水，你這小子，呵呵呵……！」

這夠像了吧？我都不知道尋芳客還能怎麼演了。

年輕皮條客出於職業反應，立刻回頭看了我一眼。我這身裝束他肯定認不出來，那晚我與皮條客是用日語交談，光憑我的中文腔調，他也不一定認得出我。

我裝作沒看見他，視若無睹地繼續講電話，但內心的緊張到達頂點。萬一他認出我來了，我不僅一切白費，可能又會有一場惡戰。他占著地利，呼朋引伴把我圍毆一頓，輕而易舉。

皮條客似乎放棄了正在搭訕中的客人，相中我這條「大魚」。他起步走向我。

我仍在「講電話」：「好了，不跟你鬼扯了！我要繼續完成我的任務……。」說完，我按了一下電話，假裝掛上電話，其實是啟動了錄音功能。

「朋友，第一次從國內來日本？要找日本小姐？」皮條客開口問我了。第一關過了：他沒認出我！

「你怎麼知道我國內來的？」我故作興奮地反問他。

「剛剛聽你講電話，是中文。怎麼樣，要不要我幫你介紹？日本店家一般不招待外國人的。我幫你介紹能接受外國客人的，怎麼樣？」

我略作猶豫，然後回答：「好吧，我要真的日本小姐喔！」

「一定的！不騙你！」

「價錢怎麼算？」

「七十分鐘，三萬，怎麼樣？全套的！」

「好的，全交給你了。南京大屠殺的仇，我今晚非報不可，呵呵！」

皮條客冷笑了幾聲，開始領路。如此這般，我跟著皮條客背後走著，情景和當天晚上一模一樣。我不用擔心被他識破了，但另一個問題又來了：我該怎麼報警？

我不知道這回皮條客要把我帶到哪去。我連現在身在哪裡、下一分鐘將往何處，都說不清楚，我能怎麼報警？現在偷偷報警，依照上回望眼欲穿的報警經驗，恐怕我這次精心策畫、引蛇出洞的技倆，將以再度損失三萬日幣告終。

就在此時，我突然想到了：上回事發地點為何會是 7-11 便利店？

這不是偶然，而是有理由的。7-11 是日本唯一能以外國提款卡提領現金的便利店！

日本的提款機儘管數量不少，但能用國際提款卡，如 VISA 或 Cirrus，甚至中國「銀聯」的，並不多。日本「全家」商店要到二〇一六年才全面開放，幾家主要銀行能對應國際提款卡的也寥寥可數。

但 7-11 裡的提款機是少數的例外。

這些人既然鎖定中國觀光客，必然設想到這一點。他們先把尋芳客引到 7-11，萬一尋芳客沒帶足夠現金，他們就會要求尋芳客就近到7-11去領錢。

至於那晚群集在7-11附近，突然冒出來、把我架開的中國人，不是碰巧在場，而是守在那裡「圍事」。7-11就是他們約定好的下手地點！

想到此，一切都有脈絡可循了。他們有固定的作案「路線圖」，7-11則是必經之路，我只要和警察事先約好在歌舞伎町的7-11，必然手到擒來。

我興奮起來了。望著皮條客的背影，我暗自唸著：「你也有今天……！」

「對不起，等我一下，我接個電話！」我大聲叫住皮條客。皮條客停下了腳步。

我貌似閒扯地抓著手機，假裝高聲地說著：「我X！你緊張些啥？我正要去呢……」邊說邊進入旁邊的小巷子，撥了一一〇。電話很快就通了。

「警察局，您好。有何貴幹？」

「您好，我姓侯。之前曾經因為傷害案件通報過你們……。」我邊說邊發抖，手機幾乎抓不住。

「恩？有甚麼事嗎？」

「如今我巧遇加害人。請你們儘快在五分鐘內趕到。」

「地點在哪？」

我嚥了嚥口水：「要賭這一回了」，想畢，立即接著說：「新宿區役所通，7-11！」

電話掛了之後，瞥見皮條客兩眼銳利地盯著我，冷笑著。

不妙！我報警被他發現了，看來我又得打一場架。一個巨大的恐懼感襲來，壓得我喘不過氣。

皮條客笑嘻嘻地說：「你那朋友比你都急呀。」

我捏了把冷汗。看來他還沒識破。

「是呀，所以全看你了，帥哥！」

兩人繼續走著。看看差不多時間，我開口主動問皮條客：「帥哥，我突然想到我身上錢不夠！你看哪裡可以提錢？」

「你是甚麼卡？」

「我銀聯的。沒問題嗎？」

「沒問題！我帶你去。」

皮條客領著我往前走，走到了我熟悉的那條人聲鼎沸的馬路。這是「新宿區役所通」。錯不了了！他正是要帶我去那裡的7-11。

到了7-11，我略微看了一下四周。警察沒來，而附近隱約有一群中國人蹲在那裡。八成是當天那批人了。

皮條客示意我進去。我走進了7-11，皮條客則是等在外面，似乎是在和那群中國人交談著。

我操作ATM，故意假裝按幾個按鍵，隨即跑到店外，對著皮條客說：「帥哥，這操作畫面全是日文，我看不懂！」

「有中文的！」

「你來幫我看看。我搞不來。」

皮條客進了店家，幫我看畫面。兩人操作了半天，但錢始終取不出來。

取不出來也是當然，因為我用的是廢卡，幾年前在上海工作時辦的。這一切只是在拖時間。就在此時，突然聽到外面人群鼓噪，我還沒弄清楚怎麼回事，皮條客突然撒腿要跑。

原來是外頭那群中國人看到警察來了，趕忙通知他。我這回再不客氣了，用雨傘勾倒他後，撲倒在地抱著他不放：「別跑呀！你要幫我介紹日本姑娘的……」

店裡一堆人驚叫連連，瞠目結舌地看著這一幕。我死命地壓著皮條客，最後交給警察的，不僅是一個名字，還是一個活人。警察如甕中捉鱉，把皮條客上了手銬。

我把口罩揭下，對著皮條客說：「你還記得我？」

他嘴裡嘟囔著，似在罵著甚麼，兩個警察抓著他，沒讓他多說，確認他的身分、確認時間、罪名（傷害罪）後，把他押解上車。我也跟著一起去了。接下來，做筆錄（這回是真的），按指模，完成報案手續。為了給警察留點面子，「當事人曾經報案，未被受理」這一節，就在筆錄中按下不表了。

我後來為了去警局作證，又跑了一次新宿區警察署，和鷹橋再度見了面。鷹橋不只一次勸我不要再冒這個險，但仍忍不住誇我：「よくやりました、侯さんは（真有你的，侯桑）！」

這個險確實不該冒，也完全不值得鼓勵，但你們不幹活，只有我自己來呀。如此，鷹橋忍不住誇我也是應該的，畢竟我幫了警察幹了百分之八十的活。

接下來，我繼續為了系統專案，在東京、名古屋間東奔西走，但開民事庭時，還是會回來東京。到底是幾十萬日幣的損失，不討怎麼行？看官們，您說是吧？

日本文化の雑談

三地中年男士衣著小考

那天，為了「中日臺」三地「中年男性在機場的穿著特色」，和幾個朋友們有過一番熱烈討論。

何以是「中年男性」？蓋中年男性有點閒錢，也有能力在衣著上作投資，「中年男性」的衣著，多半是自身長年最感舒適的穿著方式，也反映了出身地域的集體風格。

又何以限定「在機場」？因為三地「中年男性」最常在亞洲的機場打照面，一比，就容易比出特色來。

先說日本人。一般對日本人的看法，多半是西裝筆挺，打扮整齊。但一旦要出國，西裝打扮反而少，休閒打扮居多。下半身休閒褲、上半身休閒西裝，兩者大抵不同色系。但無論怎麼搭配，上衣領子總要刻意翻上，看得出中年男人對帥氣的定義與獨特堅持。

稍稍「花俏」一點的，就是來個「製作人圍法（プロデューサー巻き）」：把

一件薄毛衣的長袖在胸前打個結，整個毛衣當圍巾一般在肩上披著。這種打扮據說流行於廿多年前的傳媒界，所以稱「製作人圍法」，連同「衣領翻上」，都是同一個時代的產物。

「為何日本人對於衣領上翻或毛衣披肩這麼熱愛？」我問過一個日本朋友。

被我這麼一問，日本朋友似乎才第一次注意到這類的穿著是「日本特色」，自己也為之一怔，隨即笑道：「這是當年泡沫經濟時代的產物。你算算：當年曾經風風火火的年輕人，如今也步入中年。這類流行，與其說反映了當前的時尚，不妨說是反映了當年的流行。」

這話確實有理。人步入中年，穿著時尚不是第一順位，心理舒適成了第一順位，當年的流行成了如今最感舒適的穿著。穿了廿年的「流行」，日後恐怕也會一直穿下去吧。

再說臺灣中年男人。首先要強調的是：對臺灣中年男人的穿著品味上品頭論足，是很不公平的。誰都知道，這些中年男性在學生時代有過長時期的「髮禁」，人生最愛美的時期，卻被嚴格限制穿著打扮，「品味」從何而來？如何培養？所以，臺灣中年男性的打扮，不能就時尚面來評論，只能以功能面來衡量。

典型的臺灣中年男性打扮：金邊或銀邊眼鏡，休閒褲配Polo衫；或者西裝褲配Polo衫，在機場見到這類中年男性，則臺灣人的可能性就會大幅增加，幾乎到了百分之八十。如果腰間再配上手機或是鎖匙，則臺灣人的可能性更是上升到了百分之九十。到了冬天，則是「經國先生」的夾克，夾克裡面，還是Polo衫。

「為何臺灣人對Polo衫這麼著迷？」我問過一位臺商朋友。這位朋友思考了一下後，給我的答覆是：「生意上需要。你想，和當地官員或生意夥伴，經常需要應酬打高爾夫，穿Polo衫應付這樣的場合，不是方便多了嗎？」

這話讓我恍然大悟。這些「Polo衫大軍」，不都是一群孜孜矻矻，帶動臺灣經濟成長的中小企業主？Polo衫方便應酬、腰間手機方便接電話、一大串鑰匙方便開門開車開倉庫，這種打扮在功能上面面俱到，目的全在養家活口做生意，對這些歐吉桑的穿著品味說三道四，那就稱不上厚道了。

最後談談大陸中年人的穿著。西裝是最大的特色，且到哪都穿、無時不穿。我在日本認識一個上海朋友，聊天時透露一件往事：有一年到香港，「生平第一次出大陸，到人家地上，不能讓人把我們上海人給看扁了」他思量著，於是挑了一套自認為最體面的西裝，在香港期間從頭到尾都穿著。

那天周日，他照舊穿著西裝到香港電器街閒晃，怎知一個店員迎上前來，劈頭就用「國語」詢問道：「有甚麼我可以為您服務的嗎？」

上海朋友心裡犯滴咕道：「我穿得還不體面？怎麼第一眼就認出我是內地來的，開口就用國語？」忍不住問了店員。店員笑道：「大陸客人都喜歡穿西裝，假日也不例外呀！」

上海朋友說完，在座的朋友們笑成一堆，笑完之後，坐在一邊的東北朋友苦笑道：「老實說，我剛來日本，也是到處穿西裝……。」

連著兩個大陸朋友「自首」，我無法再笑了。我開始想探究這當中的原因：「何以平日不見得穿西裝的人，到了假日出遊，反而西裝不離身？」

對此，另一個大陸朋友提供了一個頗堪玩味的答案：「唉，難得出遊，誰不想體面一下？最主要的，出遊還要照相哩。哪一個照相時不想打扮一番？」

這個答案幾乎把我打醒。我想起了我臺灣的父母親、乃至祖父母輩們，他們留下來的生活照，有很大一部分都是「西裝」或「旗袍」，照片的背景卻又偏偏不是甚麼正式宴會的場合。有一張，還是爸爸抱著我，與外祖父一家在陽明山公園出遊時的合照，兩個大男人都穿著西裝打領帶。只是，在我印象裡，真正需要這兩個男人以西裝見人的場合，一生也不超過十次。

我們和對岸在穿著上，居然是沿著同樣的軌跡發展下來的。「哪一個照相時不想打扮一番」，這種思維支配了大陸人的穿著，不也曾支配過我們自己？當年，臺灣的生活再艱難，我們的父祖輩在人前也希望自己呈現的是最好的一面。老作家隱地先生提到，他父親當年生意失敗，一事無成時，穿起西裝仍是人模人樣，儘管他「只剩那一套西裝」。其實，剩下的西裝，就是剩下的尊嚴。

雜談日本地址

在日本這麼久，對於「搭計程車」這事情，一直敬謝不敏。一來是因為初來乍到時語言不通，怕自己說的目的地，經不起計程車駕駛的再三確認，張口結舌說不出話；二來是對日本計程車的高費率印象，始終揮之不去，讓我長久以來對日本計程車望之卻步。

但是，既然在海外待久了，對一些事情的看法就發生「質變」，自然也包括「搭計程車」這一項。首先，語言不再是問題，就連費率，當一餐一千多圓日幣的餐費都能接受時，如果只比一餐飯稍貴一點，不超過兩千的計程車費，也就落入不痛不癢的物價區間。在日本搭乘短程計程車的次數，也隨之多了起來。

日本的計程車有幾個特色：

一、後座的車門，務必交由司機開啟。這一點，我們做觀光客的往往沒這習慣，一見車子來了，手一伸出就想開車門。據說這會影響司機座位處的操縱桿，我們任意開關，帶動了車門操縱桿，一個不小心，還可能造成司機受傷。所以日本司機對於乘客的自發開門行為是不領情的。上下車都一樣，全都交由司機控制車門開關。

日本人早習慣「計程車就是該自動開關」，一旦到了海外搭乘計程車，坐在車上發愣不知道關門的人不在少數。

早年臺灣也有「計程車司機控制開關的車門」，但因為治安問題，被政府禁止。

二、公司退休的上班族作計程車司機的不少。乍看之下，高齡歐吉桑司機似乎占了多數。告知目的地時，聲音要大一點；如果地址是寫在紙上的，不妨把字寫大一點。

三、不論司機是老是少，日本計程車司機比我們想像的還要路癡。如果只告知地址，沒有個明確的標的物，十有八九不靠導航儀器不知道目的地。更早幾年沒導航儀時，多半還得翻開地圖找。箇中原因，就涉及到接下來要談的主題：日本極端「不國際接軌」的地址編碼。

隨便舉一個典型的日本地址：「東京都新宿区西新宿一丁目23番地7号」，這也可以寫成「東京都新宿区西新宿 1-23-7」。

這個住址表達的全是「區塊」，「新宿区」是個大區塊，接下來是「西新宿」這個中區塊，相當於我們的「里」，再來「丁目」又是個小區塊，然後才是「番地」，最後到了「号」，這才找到目的地。這裡沒有半個字提到這住處到底位在哪條馬路上。

更要命的：「二丁目」未必在「一丁目」旁邊；「23番地」隔壁也不一定有「22番地」，「7号」的鄰居搞不好是「13号」。總而言之一句話：毫無章法。再加上建築物外面多數沒掛門牌號碼，目的地近在眼前，你可能也要找到天邊去。

臺灣早年在日本治理之下，有了戶籍制度，自然也採用了日本這種編址方式。據說國民政府來臺之後，第一件事，就是請來上海的市政專家，把臺北的道路地址重新整理過，這才使得「町」、「丁目」這類的日式地址從此在臺灣消失。如今臺灣人只要知道馬路所在，就一定能找到目的地，靠的就是這個「德政」。早年有個主張臺獨的政治異議人士，到了日本之後，在他的文章中這樣承認：「國民政府在臺灣做的唯一一件好事，就是把道路整理出來了。」這話只要到過日本的人，都會有同感。

儘管日本人自己也為了這樣的編址系統深受其苦，但只要事涉傳統，要日本人改，談何容易？日本政府也在計畫將日本的道路全都整理出名字，編號重新來過，可惜治絲益棼，又談何容易？況且，現有的日本地名，負載了太多歷史文化遺產，路名向國際接軌之後，如果「青山一丁目」憑空消失，恐怕也不是人們情感能接受的吧？

千年一次的測驗

像我這樣的資深年輕人，見到時下年輕人用的詞彙，如「宅男」、「萌」、「違和感」、「壁咚」……，至今仍能應對裕如，面不改色，多半得拜我長期在日本之賜。近廿年來臺灣人用的新詞彙，其來源泰半是日文，且大多被人一知半解地拿來就用。用的人樂此不疲，自視新潮，頗有「不懂是你家的事」的味道，苦了不少不諳日文的看官。還好，我只要占著日本這個源頭活水，詞彙再新（其實都是日本流行過的），大致不脫我的理解範圍，至今還能維持與時俱進的詞彙量。

日文詞彙會這麼樣的輕易移植在中文裡，最大的原因，當然是日文裡有漢字，讓我們易懂易學，就算是不懂日文，我們也照樣能以中文的發音讀出日文的漢字。要杜絕這種單方面的文化輸入，要不就是我們自己的流行文化發光發熱，從文化進口國轉為文化出口國，感染全東亞的年輕人；再不然，就是日本廢止漢字，如韓國這般斬斷與漢字文化圈的關係了。

日本有無可能真的廢止漢字？這其實是個已經回答過的問題。

就在將近七十年前，日本戰敗未久，美國主導的盟軍總部進駐日本。盟軍總部挾著戰勝國的餘威，抱著使命感，務必要把軍國主義的根苗從日本拔除，「廢除漢字」因此被排進了時間表。

漢字為何要為日本軍國主義背負罪責？原來，在美國人的想像裡，漢字字數過多，且難學難記，人民終其一生不可能學完；人民認字水準不高，知識傳播就成問題；知識難以傳遞，民主思想就難以培養；民主思想缺乏，軍國主義自然藉機興起。這推論看似成理，在當時盟軍占領當局的執政者中根深蒂固，而以盟軍總部任職的美國年輕學者佩爾澤爾為代表。

除此之外，就連日本人自己，也因為戰敗的關係，對於本國文化失去了信心。戰時清一色的軍國主義用語，如「大詔奉戴日」、如「一億玉碎」、如「神州不滅」，這些殺氣騰騰，望之生厭的詞彙，全都是透過古奧的漢字來表達。如此看來，美國統治者對於日本漢字的指摘，似乎也非無的放矢。與盟軍總部唱和，抱持「廢止漢字」看法的日本學者，同樣勢力不小，甚至連諾貝爾獎得主湯川秀樹都加入了。

為了應付美軍的壓力，日本文部省先是公布了「當用漢字表」，共一千八百五十字，把上萬實用漢字數硬是腰斬了一半以上還有餘。但美國占領當局不以此為滿足。盟軍總部的真實意圖是要消滅漢字，實現日文的徹底拼音化。為了維持這個政策的表面客觀，盟軍總部決定在日本舉行一次「全國識字測驗」，由「全國識字測驗」的結果決定漢字的生死，並由日本學者柴田武、另一個日文拼音化的急先鋒來主導這次測驗。

對漢字磨刀霍霍的盟軍總部，加上「廢除漢字」的日本學者，這是個早有預設立場的「測驗」，將會導出怎樣的結果，不言可喻。在日本有著一千六百年歷史的漢字，被送進墳墓，看來只是時間問題。

「識字測驗」的主辦單位在日本全國找了兩萬個受驗者，年齡在十五歲到六十四歲之間。當年，日本人都要吃配給糧，靠著「配給名簿」隨機抽樣，這兩萬人不難找。

接到占領軍總部來的通知，每個人都戰戰兢兢，不敢不去。這次測驗的到場率約在八成以上，抽樣算是極具代表性。

盟軍總部的「識字測驗」考些甚麼呢？以下就是當中的一道題：

東村的大爺，在銀行買了兩枚彩券，中了大獎。

請問：大爺買了幾枚彩券？

（1）一枚（2）二枚（3）三枚（4）四枚

大爺在哪買的彩券？

（1）香菸鋪（2）大阪（3）女兒家（4）銀行

由這題目的設計可知，盟軍總部抱著西方人的高傲偏見，把漢字國家的識字程度徹底看扁了。受驗者事前未被告知測驗目的之下，個個振筆疾書，渾然不知自己的一隻筆正在掌握著日本漢字的命運。

這場舉行於一九四八年八月的「識字測驗」，結果出來，徹底跌破了「專家」的眼鏡：「日本無法讀寫漢字的人口，比率僅僅為二．一％」。且不說漢字國家不曾有過這麼高的識字率，就連拼音文字的國家也難以望其項背。事實證明：日本在一九一一年，就已經達到百分之九十八的小學就學率。普及的教育，才是提升識字率的根本，和文字體系沒半點關係。

主導這次測驗的日本學者、「漢字廢除派」柴田武，儘管對測驗結果不甚滿意，仍如實擬好報告，交給了盟軍總部。後來在其他的紀錄中，我們看到了這麼一段軼聞：柴田武提出報告後不久，被叫到一個房間。等著他的，是主張廢除漢字的美國學者佩爾澤爾。

「柴田，二．一%，這……結果不太好看」佩爾澤爾搖頭道。

「恩，是不太好……，」柴田苦笑地回答：「日本的識字率，恐怕比美國都高。」

佩爾澤爾乾笑了幾聲。半晌，低聲道：「反正，目前就我們兩個知道。你看怎麼樣？把數字改一改吧？」

這是個很大的誘惑。柴田同樣是漢字廢除派，一時的暗室私心，卻能成就他終身的抱負。他只要點頭了，漢字從此消失，日文從此全面拼音化，他個人也將因此留名青史……。

柴田畢竟還是搖了頭：「先生，我做不到。對不起！」

佩爾澤爾嘆口氣，未再為難，走出了房間。

這是個動人的故事。遺憾的是：同樣的故事不曾發生在對岸。中國的文字改革，沒有盟軍總部這樣的太上機構指手畫腳，政策完全出於自發。可惜我們找不到一個讓人信服的調查報告、找不到一份正反說理的紀錄、更找不到一個柴田武。我們看到的只是反右之後全國噤聲，文字學者陳夢家堅持己見，最後含冤自殺……。

如今維護簡化字的人們，夸夸其談地說著「漢字簡化才能助於提高識字率」，口吻與盟軍總部無知的美國學者何其相似，但偏偏這是出自中國人自己之口！這個未經任何檢驗就上路的政策，影響了幾代人，造成十多億「髮」「發」不分、「裏」「里」不明的人口，徒然把數千年東亞漢字圈的文化紐帶橫刀一切！我們不禁要問：當年熱衷簡字的中國學者，心中可真的明白自己在進行著甚麼「千秋大業」？

無論如何，日本算是度過了那次漢字絕滅的空前危機。「廢除漢字」的聲音在日本一直都有，卻越來越弱。漢字在日本不僅是文化、是教養、還是商品。日本人用自己的方式維護漢字：「漢字檢定」成了日本人測驗個人文化底蘊的標準，推陳出新的日文漢字字體不斷主導著我們對漢字的審美觀，每年公布一次的「年度漢字」成了重要的儀式，書店裡探討漢字寫法、組成、歷史的書，不勝枚舉，超過我在海峽兩岸看過同類書的總和。這在在都讓來自漢字國家的我們，看了汗顏。很明顯的，數千個漢字，不再是負擔，而是資產！歷史發展至此，誰都不用擔心「廢除漢字」的運動在日本捲土重來。

如今，您到了日本觀光，一下飛機看得到「空港」而非「KUKOU（空港的日文拼音）」；看得到「電車」而非「DENSHYA」；還可以看著日本朋友寫下「一石二鳥」、「懷玉有罪」等秀麗漢字而心領神會；更可以照搬日本新詞彙來比酷比炫……，我們要感謝的，不只是祖先留下的文化資產，尤其該感謝日本學者沒在關鍵時刻給漢字來上致命的一刀。正是當年的柴田先生，委屈了抱負，維護了真理，才為東亞漢字文化圈留下了一絲命脈。

好字二字與偽日文

西元八世紀初，中國唐朝時期，日本出了一個女天皇，叫做元明天皇。元明天皇在位僅八年，卻做了一件影響後世極為深遠的事情：改了全國地名漢字。

原來，在那之前，漢字儘管已經傳入日本，但用法並不統一。官方用來寫公文書、史書，民間用來做發音符號。甚麼叫做「發音符號」？就是如同我們把Malaysia 翻譯成「馬來西亞」一樣，是用來表音，沒別的意思，不能照字面解釋成「一匹馬跑到了西亞」。

所以，看官們來到日本玩，看到諸如「我孫子」這類的地名，先別忙著笑人家「我孫子」固然看著滑稽，但「馬來西亞」又與馬何干？這都是拿漢字表音的結果。

當時日本國內用漢字取地名，取得一片紛亂。有的取成了三個字，有的又取成一個字。日本現在有不少地方，名稱為「武藏」（MUSASHI），當年的名字可滑稽了，有的叫「無邪志」，有的叫「牟射志」，有的還叫「胸刺」。「無邪志」、「牟射志」作為地名都已經不知所云了，「胸刺」是個啥？周遭如中國、朝鮮、越南，都是用漢字的國家，這傳出去豈不笑死人？

於是，西元七一三年，日本全國頒布「好字二字令」，內容如下：「凡諸國部內郡里等名，並用二字，必取嘉名」。意思就是這些亂取的地名不許再用，通通都學中國人取地名，用兩個字，而且，還是兩個體面的字（好字），「胸刺」肯定不能用了，改成「武藏」；「上毛野」同樣滑稽，改成「上野」。「多遲麻」土里土氣，改成「但馬」。

這個一千年前的古老法律，影響的範圍不小。連山川水澤的取名都如此，一定要比照中國風。日文假名要藏起來，兩個漢字才「炫」，三字一字都是「土」。日本人的姓氏大多來自地名，地名兩字，人名自然也兩字。「たなか（TANAKA）」明明三個音節，硬是要湊成兩個漢字「田中」，就是這麼來的。

這一方面固然是仰慕中國文化，另一方面，又還帶點自卑感，而且是政府帶頭自卑，總覺得中國的東西怎麼看怎麼好。連官職名也要有個對應的中國名稱，附庸風雅。日本有個長壽時代劇（古裝劇）《水戶黃門》，故事情節類似我們的「包青天」，講「德川光國」這個封地在水戶的藩主，到處微服出巡，排紛解難的傳說。德川光國的正式官職是「權中納言」。「權中納言」四個漢字是啥，不懂了吧？於是日本人就把這官名對照到我們的「黃門侍郎」，所謂的「水戶黃門」一名，其實就是「哈中」的結果。

日本這股「哈中」風，人算不如天算，千年以後，和風壓倒漢風，輪到我們自己看「漢字」越看越彆扭，非得要加個「日本假名」才算時尚。

大概自廿年前起，臺灣的商家悄悄地在自家商品名稱中插入一個日文「の」，視為時髦，至今猶盛。這算是我們這一代造的孽，起的頭。小朋友要是看到這個課堂沒教過的文字，也別洩氣，侯叔叔告訴你：不過就一個「の」，意思簡單，當成「的、之」大概錯不了。這個潮流發展到今天，索性整段似通非通的日文拿來裝飾，小朋友要是看了還洩氣，也別來找侯叔叔了，這個太難了，侯叔叔住日本這麼久也看不懂，跟你一樣洩氣。

我有個日本朋友，在臺灣收集到一大堆這些似通非通的偽日文、偽日貨照片，三天兩頭就拿來和我分享，解頤開懷。所謂的「日文」裡，「ソ」寫成「ン」，「か」寫成「カ」已經算是小事了，文句不通，搞不懂寫給啥人看的，才是真正叫我難堪。這種偽日文的氾濫，大多限於名不見經傳的小商家，賣雜貨的、賣乾糧的、賣便當的，明明沒有對日外銷、拓展日客的企圖，連花錢請個日文系工讀生代筆的能力都沒有，又想搭上哈日風，多賺點錢圖個全家溫飽，我也不忍多加苛責。日本朋友要我看，我盛情難卻，只能陪著他一起乾笑；到了後來，練就老僧入定的功夫，訕笑由人了。

但最近一次，當我看到這張照片，自己也破了功：商家把「ランチ（午餐）」寫成了「ウンチ（便便）」，「極上便便」、「絕品中華便便」，一應俱全。這下可好：都說我們華人啥都吃，這個商家以「日文」招牌坐實了這個論點。

有看官說：「那我們要怎麼做，才能避免這個錯誤？」這是問題嗎？用了日文吃便便，不用不就得了？這已經不是甚麼民族情感問題，這是死活問題。

總而言之一句話：為了健康，不要再用這些偽日文了。

日本的「駄洒落」

日本人說的笑話中，大體分成兩類。一類是「すべらない話」，就是好笑的笑話；一類稱為「駄洒落」，又稱「オヤジギャグ」，指的是不好笑的笑話。

有看官說：「老侯，你發甚麼神經？不好笑還能叫笑話嗎？」

笑話不笑話，得看本人說這話的意圖。本人說這話，不用來傳道、授業、解惑，而是意在幽默，就必須把這話歸類成「笑話」類，不好笑的笑話，也得稱為「笑話」。

那麼，甚麼事「駄洒落」呢？

比方說，我文章一開頭提到：「日本人說的笑話中，大體分成兩類。……」聽的人要是性喜「駄洒落」的，就會抓著我一兩個字不放，大笑道：「『大體』分成兩類？哈哈哈，我還『屍體』分成兩種哩！你要不要再找化妝師來呀？哈哈哈……。」

再舉個例子。我要是說，我住在「東京都台東區」，聽的人又拿來大做文章，

「『台東區』？哈，我還住『花蓮區』哩，哈哈哈⋯⋯。」這也是道地的「駄洒落」。

以上兩個例子，說明了所謂「駄洒落式的笑話」，意味著「不用動太多腦筋，抓著一兩個同音字，重新組合一下，就成了自己的幽默。」

有看官說：「好了，你說的『駄洒落式的笑話』我懂了，但這為何又被歸類成『不好笑的笑話』哩？」

這得從日本的酒店文化說起。日本的酒店，一般不媒介色情，但醉翁之意不在酒的酒客們（大多是中年男人），要是對陪酒小姐情有所鍾，就只有各憑本事，拚命撒錢、拚命獻殷勤，還得拚命講笑話，為的都是博取女孩子歡心。這過程其實和追普通女孩子沒啥兩樣。錢好灑、殷勤好獻，但笑話就不是人人都能講了。尤其要從中年男人口中講出年輕女孩受用的笑話，更非易事，能說的無非就是「諧音笑話」、「黃笑話」，陪酒小姐基於「職業道德」，當下會陪著笑兩下，私底下則揶揄這個酒客「只講些オヤジギャグ（老男人笑話）」，由此可知，「駄洒落式笑話」還隱含著「被時代拋棄的老男人特有的淡淡哀愁」。

臺灣人的笑話，沒有上述分類，最多就是「冷笑話」，不好笑而已，倒是沒人將「冷笑話」與「老男人」畫上等號，所以大家說起笑話來，沒啥顧忌，「冷笑話（駄洒落）」的成分很高。但是在日本，說駄洒落是要課稅的，這個稅就是：「承認自己心態已老、技止此耳」。

為何偶像劇裡，大多只說「喜歡（好き）」？

「love」這個英文，中國人都知道該翻譯成「愛」，動詞名詞都如此，沒有爭議。我發現，古人談情說愛，提「愛」字的少，講「情」字的多。甚麼「天不老、情難絕」、甚麼「此情須問天」，「愛」字反而出現得不多。看來，「愛」這個漢字中，「愛情」，似乎不是主要意涵。

把「愛」用來作為洋文「love」的對譯，中日皆如此，但是有些曲折過程。

明治維新時期的日本人，剛開始面對「love」這個洋文時，該怎麼翻，據說也不是那麼眾口一致地認可這個「愛」字。

日本的劇作家二葉亭四迷先生在翻譯英文劇時，面對「I love you」這句，困惑了一下，翻成「我愛你」，當時沒人知道是甚麼意思，於是他想到的譯法，是「為了你，我可以去死」！「love」這字，在日本人心中的理解，正如中國古人所說的「生死相許」，分量相當重。

同時期，日本名作家夏目漱石先生在作英語教師時，課堂上要學生翻譯一篇英文，文中的男女主角在月下散步，男主角情不自禁說出了一句「I love you」，學生有人翻譯成「我愛你」。夏目先生糾正了這個學生，說：「這句該翻成『今晚的月色真美』。」

原來「愛」正是因為分量太重，不該輕易說出口，必要時，還必須有東方人特有的含蓄。

看過日本偶像劇的人，可能都注意到一點。日本人哪怕再濃情密意，最多也只說「suki（漢字寫作「好」）」，很少說「愛」。

真要到「愛」的地步，就是生死相許了。

知道了「Love＝愛」這個等式是如何畫上的，下次您想在月下傾訴衷腸時，何妨假托月色，發揮一番呢？

「開動了」嗎？

比起我們吃飯時，多半舉起筷子就吃，日本人開飯前的禮儀則是「熱鬧」多了。要動筷子前，日本人都會說一聲「いただきます（ITADAKIMASU）」，這句話，在現代中文中經常翻譯成「開動了」、「要吃了」，但總讓我覺得意思不到位。

「いただきます」能用的場面不少。在吃飯前說「いただきます」，是隱含著對主人盛情招待的謝忱，帶著些誠惶誠恐的味道；在與客戶對談中，用上「いただきます」，則是作為承受客戶物品（如文件）、小惠（如茶水招待）時的感謝語。中文的「開動了」，純粹單指一個動作，沒任何感謝的意味，硬是把這句情深意重的日語簡化成了一個口令。

所以，我主張在古文中找答案，把「いただきます」翻譯成「生受」。「生受」這個詞，出現在明清的章回小說中，相當頻繁。可見這在當時還是個日常用語。從前中國人在人家家中作客，進餐前與日本人一樣，口中說著「生受」，就是「叨擾您這一餐」的意思，禮數周到，表達的意思與日文的「いただきます」完全相同，翻譯起來可說是百分之一百到位。

當然，為了翻譯一個外文，而把一個死語復活，恐怕看官們很難接受。但在那之前，我們不妨想想：「生受」一詞的消失，再無替代語可用，是否也意味著我們本來的「禮儀之邦」在近百年內變得「人情澆薄」，如今只能禮失求諸野，眾口一致地誇獎日本人「有禮」？

最後要提的是，所謂禮多人不怪，「いただきます」的多用，大致上不會有太大的問題。但用在女孩子面前就得小心了。早年我學日語未久，曾試著對一個可愛的日本女孩子說道「いただきます」，原意是「希望你做我女友」，有些半開玩笑的意味。女孩子一怔，乾笑了幾下。後來，女孩子問我「是否想帶她去開房間」，我嚇得連忙否認，就差沒下跪求饒。事後才弄清楚：在日文裡，「生受」一個女孩子，就是整碗捧去，沒有柏拉圖的可能。

但對著餐飲說「いただきます」，依舊是百分之一百正確，共餐的女伴不會因此誤會。誤會了，就當是你賺到的。

扒飯？夾飯？你們是怎麼吃飯的？

有一次，一個日本朋友私下問我：「侯桑，臺灣人吃飯是不是都用『扒』的？」朋友邊說，邊做出樣子：筷子深探碗底，把飯一口一口撥到嘴裡。也就是我們所說的「狼吞虎嚥」。

一般日本人吃飯，是端起筷子，把飯夾起來，送進嘴裡。老實說，確實秀氣得多。同樣是吃米的民族，日本的米食文化還是來自中國。日本人吃飯有規矩、臺灣人吃飯沒規矩？這說不過去，但我還真無法代為回答這個問題，只因我過去不曾細心觀察過周遭臺灣朋友的吃相。但這位日本朋友會這麼提問，必然是在臺灣見到了一些「不習慣」的吃法，留下了深刻印象。

我對這位日本朋友說明了「我們家」關於吃飯的教誨，與日本朋友一一「核對」：「扒飯」是被視為吃相難看、添飯時不能用飯匙刮著飯碗的邊緣、拿筷子挪動菜盤視為不端莊……。日本朋友連番點頭，表示起碼從我口中聽到的，兩地吃飯文化應該是一致的。日本視為失禮的，我們同樣視為失禮。

「那……我見到的臺灣人扒飯，是少數特例？」日本朋友大惑不解，繼續問我。

我勉強回答：「那……應該算是特例吧？」

其實，這話回答得有些心虛。前一陣子，一個待在臺灣的日本人，眼見臺灣人筷子用得「很奇怪」，特別上傳影片說明筷子的正確用法。沒想到臺灣人不領情之餘，還狠批了日本人一番：「筷子能用就好，你管那麼多！」

這種「歡喜就好」的回答，倒是十分「臺式」。臺灣人時而「哈日」，時而「愛臺」，有時我也搞不清風向，下筆還真得小心。只是筷子發源自我們，用法卻要由日本人來教，倒真有些「禮失求諸野」的味道了。

我每次遇到這類話題，總會回想起八十年前那場轟轟烈烈的「新生活運動」，說穿了，其實就是留日的與留美的一群人，對於國內風俗的大改革。我之懂得米食民族的用餐文化，來源自我的外公；我外公作為黃埔軍官，則是拳拳服膺蔣中正的那場「整齊清潔簡單樸素迅速確實」運動；而蔣中正之極力倡導「新生活」，恐怕又是來自他的日本留學經驗了。說穿了，還是日式，呵呵。

「新生活運動」成功了沒？我舉個簡單的例子。臺灣便利商店裡，現在都看得到「飯糰」的蹤跡。這類「飯糰」有不少是日本「お握り」的在地化，除了用料之外，還有一點與日本的「お握り」有著根本的不同：提供加熱服務。要國人學日本人一樣，吃下生冷的飯糰，有些人會不大習慣，加熱服務應運而生。但要是在日本便利店裡，拿著冷「お握り」要求店員加熱，是會鬧笑話的。

日本的飯糰是生冷的，不少飯盒也是。新幹線上買了個便當，都是冷的，多數沒地方加溫。同樣的冷便當，要是在臺灣，則是根本賣不出去，在日本偏偏無人介意。這是生活習慣的問題，但卻被我們的蔣總統、當年的「蔣委員長」視為「死活問題」。

大家都知道，蔣做過留日的學生，在日本學軍事，日本從平民到軍人，冷飯糰帶著就能幹活、打仗，這對蔣而言，是個「震撼教育」。因為中國人一般沒有吃冷食的習慣。軍人行軍作戰，還要生火煮大鍋飯，影響機動性之外，更容易引來敵軍趁隙攻擊。所以抗戰前蔣的「新生活運動」裡，就極力呼籲國民習慣冷食。

「新生活運動」裡的「冷食運動」，想必是不成功。幾年前，日本電視節目製作單位特別到拿著「冷便當」採訪四川當地老鄉，問他們「能不能吃冷飯」。結果個個搖頭，大喊「這怎麼能吃！」當年抗戰，四川提供了絕大的兵源，但人們「不吃冷飯」如故。我依稀記得外祖父在我小時候再三告誡我：不要吃生冷食物，會拉肚子。外祖父還是陸軍官校出身，連他對「蔣校長」的話都不照單全收，遑論一般百姓？

近百年來，「喝過洋墨水的」看國內風俗總容易「看不順眼」，這是個百年難以說清的話題，到頭來，吃飯該不該扒？冷飯該不該吃？百年都說不清楚，我也別趕這淌渾水了。

在日本穹蒼下的忘情之舉

在民國三十九年的《中央日報》上，不經意看到一則新聞，標題寫著「廁所內一吻定情、旅社中雲雨巫山」。舊時報紙的習慣，標題總講究對丈。「廁所」對「旅社」，「中」對「內」，「一吻定情」對「雲雨巫山」。整整齊齊，很是考驗執筆人的舊學底子。但光看標題，不知到底當事人做了些甚麼，值得當年的記者前輩占去偌大的版面，刊出這則消息。我將內容讀完，不讀不知道，一讀真好笑：

廁所內一吻定情

旅社中雲雨巫山

春光外洩捉進警局

「前晚市警察局刑警隊舉行突擊檢查時，在康定路永和公共旅社查獲非法結合野鴛鴦一對。緣有武昌街一段二十二巷〇〇號合興洗衣店之收貨員李〇（二十六歲、臺北縣人，住雙園區）因職務上之關係，一年前即與同店之女會計陳〇〇

（二十一歲，臺北人，居杭州南路一段〇〇〇號）日常廝混一起，因而感情與日俱增，同出同入，形影不離。至今年一月間某晚，李陳二人又相約至臺灣戲院觀劇，二人一時為劇情所感動，當時即在廁所中仿銀幕上之鏡頭擁抱接吻，而陳〇〇早在三十六年三月十二日即與張某結婚，並生有一子，後因感情不恰而離婚，故一吻之下，舊情復熾，當晚便在康定路永和旅行社定情，自此每週必在永和旅社歡敘一次，前日不幸春光外洩，致為警局查獲。事後二人在警局稱，因感情融洽，故發生肉體關係，不日將正式結為夫婦。」

各位看官，您看得出來這則新聞到底有甚麼「新聞性」嗎？一個離婚女人，愛上一個未婚男人，又都已經約定終身，只因在旅社雲雨巫山，就算是犯了法，還勞動記者大人把名字地址都公開了（這裡的〇是我加的）。都說當今新聞口味腥羶，我敢說，這則新聞恐怕連當今的《蘋果日報》、《壹週刊》都看不上眼。

兩位當事人若健在，一個應該是將近九十的老先生，另一位則是已過八十的老太太了。不知這對情侶修成正果沒有。我們作為現代讀者，打從心底祝賀兩位當事人。怕就怕一樁美事，被當年這群無聊的警察、記者先生棒打鴛鴦，從此勞燕分飛。

這個把無聊當有趣的事件，為何能成為新聞？除了當年民風保守，不太能接受婚前性行為這種事情之外（但也稱不上「犯法」），旅社裡未婚男女開房間，也還沒成為「風氣」，才有這樣的記者前輩，下筆就說他們是「非法結合野鴛鴦一對」。

話說當年未婚男女要辦事，還真沒地方可去。旅社價目表裡，連「休息」這一項都沒有。考慮到當年狹小的住家環境，更不可能帶女友到自己家中燕好。人們只有利用能遮蔽的場所，就地辦事。就以當天這篇報紙來說，除了上述這則新聞之外，還有一篇，講的是警方在戲院廁所逮獲「野合男女」，一樣也是沒處辦事，不得不然的結果。

就以同時期的日本來說，所謂的情人賓館（Love Hotel），是直到昭和三十年（民國四十四年）才出現。附帶說明一點，日本旅館不同於臺灣，臺灣的「商業旅館」和「情人旅館」往往界線不清，商業旅館照樣問得到「休息」的價碼，而日本的商業旅館則純粹供住宿，不提供「休息」服務。情侶辦事，就得到情人賓館。在情人賓館出現之前，日本情侶們同樣走過那段沒地方辦事的時光。

戰後的日本，剛剛戰死了三百萬年輕男人，女孩已經顧不上甚麼貞操不貞操，連有沒有人要都成問題。所以戰後日本，情侶的婚前性行為已逐漸成為公開的祕密。

情侶沒地方辦事，又想辦事，怎麼辦？溫泉旅館是一個去處，但要花錢，剛開始是五十圓，逐漸調高到五百圓（當年東京一碗拉麵是二十圓），已非一般年輕男女能負擔的。再加上溫泉旅館設備簡陋（可別把如今在電視上看到的「日本溫泉之旅」混為一談），於是就有了「青姦」。

看官們，別瞧這「青姦」二字用得刺眼，其實還頗有詩意，意思是指「在穹蒼（青空，あおそら）之下雲雨」，比起咱們的「野合」，要美上一個層次。當年東京著名的青姦場所，一是皇居廣場前、一是明治神宮、再來就是新宿車站西口。拿臺灣的地點打比方，就彷彿是總統府前廣場、國父紀念館、忠孝復興捷運站口；拿大陸的地點打比方，就像是天安門廣場、毛澤東紀念館、上海人民廣場站前。您說，這來勁不來勁？

原來，當時東京處處是美軍轟炸過的斷垣殘壁，上述的地點，全都是重災區，就算光天化日，也不難找到遮蔽之處。

所謂「螳螂捕蟬，黃雀在後」，你既然敢「青姦」，別人就敢「偷窺」。三大青姦場所在口耳相傳下，變成了三大偷窺場所。這又促成了一些新興產業：有靠賣「偷窺席」賺錢的、有為黃書出版商拍偷窺照賺錢的。就這樣，一個生態系統形成了：草叢內有人辦事、草叢外有人收費、偷窺，再隔一百米外，有黃牛拉客。黃牛開口便說：「有精采的，要不要看？」同地點，有攝影師拿長鏡頭偷拍，轉賣給黃書出版商賺錢。

可以說，當年日本男女穹蒼之下的熱情之舉，不知養活了多少家庭。這「偷窺席」生意可有意思了。以當年東京日比谷公園為例，外頭拉客的，上前問你要不要看「精采的」，你若跟著去，先付他二十圓日幣（剛好一碗拉麵的價錢），拉客的便拿著手電筒領著你，穿過草叢，走到一個草蓆鋪好的位子，囑咐你「別出聲音」，你就端坐在草蓆上好好欣賞。如果眼前的情侶只是卿卿我我，沒上演活春宮，客人還可以要求半價退費。敢情這還是童叟無欺、盜亦有道的買賣。

都說臺灣人會做生意，但這「偷窺席」的買賣，至今沒聽說有人在做，也是怪事。

據說東京日比谷公園，時不時仍有情侶在穹蒼之下忘情演出，但動機已非當年的「無處可辦事」，純粹是情不自禁。只是看官們若到東京觀光，別一個勁兒地往日比谷公園鑽，還說「是老侯說有好看的」。老侯我可沒這麼說，我也只是聽說罷了，自己從沒看過。

國家圖書館出版品預行編目 (CIP) 資料

連日本的上班族都敢當 , 你還怕地獄嗎 ? : 侯 . 克里斯多福 . 山雅治の東京職場放浪記 / 老侯著 . -- 初版 .-- 臺北市 : 二魚文化 , 2016.01
320 面 ;14.8*21 公分 . -- (閃亮人生 ; B045)
ISBN 978-986-5813-73-4(平裝)
1. 社會生活 2. 職場 3. 日本
731.3　　104027872

二魚文化　　閃亮人生　B045

連日本的上班族都敢當，你還怕地獄嗎？
侯・克里斯多福・山雅治の東京職場放浪記

作　者　老侯
責任編輯　鄭雪如
美術設計　朱疋
行銷企劃　溫若涵、周晉夷、郭正寧
讀者服務　詹淑真

出版者　二魚文化事業有限公司
發行人　葉珊
地址｜106 臺北市大安區新生南路二段 2 號 6 樓
網址｜www.2-fishes.com
電話｜(02)23515288
傳真｜(02)23518061
郵政劃撥帳號　19625599
劃撥戶名　二魚文化事業有限公司

法律顧問　林鈺雄律師事務所
總經銷　黎銘圖書有限公司
電話｜(02)89902588
傳真｜(02)22901658
製版印刷　彩達印刷有限公司
初版一刷　二○一六年一月
初版五刷　二○一七年九月
ISBN　978-986-5813-73-4
定價　三四〇元

題字篆印　李蕭錕

二魚文化